PUHUA BOOKS

我们一起解决问题

序

人们普遍认为，创新是企业成功的核心推动力之一。各类组织机构面临的难题之一，就是如何成功地应用创新。研究表明，很多创新未能取得成功的原因在于员工对创新的接受程度较低。因此，为了让企业成功地将创新引入工作场所，了解潜在应用者以及影响他们是否应用创新的因素，就变得至关重要。尽管学术界已经对组织的创新应用进行了不少研究，但有关组织内部员工个体对创新的应用研究却鲜少有人涉及。本研究的目的，就是从实证角度调查上述决定因素，提出一个全新的理论框架，解决企业内部员工应用创新的问题。

本次研究开发并测试了一种高级创新应用模型，该模型考虑到了现有模型的优点和局限。本次研究的理论基础，分别源自理性行为理论（TRA）、技术接受模型（TAM）、弗兰姆巴赫与施乐瓦尔特提出的概念框架（2002）、整合性科技接受模型（UTAUT）以及 DeLone and McLean 成功模型。高级模型对上述模型做出了改进。

高级创新应用模型一方面汲取了旧有模型所包含的多种因素，另一方面还增加了在其他与“接纳”有关的研究中发现的变量，综合考量，打造出一个合乎逻辑的创新应用模型。该研究采纳了过去研究中提到的因素，并且引入了更多相关的、能够对单一模型产生影响的因素，以检验个体对创新的应用及影响应用的因素之间的关系。本次研究使用了多种渠道收集的数据，以检验高级创新应用模型的相关性，其中包括一个检测该模型的调查问卷和采访，可提供更多的信息。

高级创新应用模型得到了实证结果的证明，该模型能够有效增强员工对创新的理解并巩固创新的使用行为。研究表明，在应用过程中，认知有用性和管理层支持是两个主要变量。更具体地说，个体对创新的应用，会受到三种组织因素的影响——**培训、管理层支持和激励**，以及五种个体因素影响——**认知有用性、个体创新、过往经验、形象及创新**的愉悦程度。与过去的研究结果不同的是，本次研究还发现，个体对创新的应用还受到两种社会因素的影响——**同事**和**社交网络**。此外，研究结果也表明，个体对创新的应用，还会受到诸如性别、学科、职业领域及工作时间等人口统计学因素的推动与阻碍。

本次研究开发的理论模型，为提高个体使用者对创新应用的接受程度，提供了宝贵的、可供选择的、全面的理论基础。研究既补充了理论知识，同时也对企业组织、经理人、行政人员及员工在创新应用方面具有实践意义。

第 1 章说明了研究的背景，介绍了进行此项研究的原因。研究的重点集中在企业组织内部员工个体对创新应用的问题。在这一章里，我还讨论了所提议的研究模型对研究人员和从业人员具有重要意义的原因。此外，本章还讨论了影响创新应用的因素，其可分为三大分类：组织因素、个体因素和社会因素，这些都会影响员工对创新的应用。本章最后解释了该研究的重要意义，说明了其在发掘新理论知识、建立创新应用高级模型这两个方面的作用。

第 2 章首先介绍了不同的创新定义以及创新应用的类型，介绍了罗杰斯的企业创新应用流程，接下来讨论了企业组织的创新应用。尽管本次研究的主题是个体的创新应用，但本章集中关注了企业组织对创新的相关应用，并且确定了影响企业决定的原因。

第 3 章重点介绍了创新应用的相关理论，即理性行为理论、技术接受模型、弗兰姆巴赫与施乐瓦尔特提出的概念框架（2002）、整合性科技接受模型以及 DeLone and McLean 成功模型，并且还分析了这些模型的不足。

第 4 章描述了本次研究提出的高级模型。该模型建立在理性行为理论的基础上，结合了技术接受模型、弗兰姆巴赫与施乐瓦尔特概念框架（2002）、整合性科技接受模型及 DeLone and McLean 成功模型的某些要素，同时对上述模型进行了改进。随后，我提出了一个创新应用的高级研究模型。该模型的开发过程考量了个体、社会、组织及人口统计学这四大类影响因素。本章还讨论了影响个体创新应用的人口统计学因素。

第 5 章描述了实证研究的研究设计及方法。本章首先解释了选择多方法策略背后的基本原理。接下来，讨论了研究地点、样本量、研究工具、构建的定义，以及正当性与可靠性、专家观点、试点研究、数据收集流程和数据分析方法。

第 6 章系统性地分析了从个体员工处收集到的数据。利用调查问卷收集的数据，我们从统计学角度检验了高级创新应用模型。统计学测试支持将个体创新应用纳入统一模型的理论构建。

第 7 章包含了专业及管理人员对创新应用观点的分析。本章重点采访了学术及管理人员，以期得到有关本次研究中的高级模型的更多信息和支持。这部分内容显示了对采访所得内容的分析和讨论，对采访内容进行了总结并得出结论。重点突出了影响企业组织内部个体创新应用程度的因素，为开发高级创新应用模型提供了支持。

第 8 章为本书的总结。本章首先对研究进行了小结，随后得出结论，并探讨其影响。结论显示了本次研究对过往研究的扩展以及对知识理论的贡献，帮助人们能够更好地从理论上理解个体对创新的应用。本章讨论了实践中新模型对经理人和从业人员的影响。最后，说明了高级创新应用模型的局限以及未来的研究方向。

目录

第 1 章　创新应用介绍

创新使得组织机构有机会全面提高其在全球经济中的业绩。

第 2 章　员工个体的创新应用

企业组织做出了应用某个创新的决定，但“确认”却取决于员工是否会在日常工作中“实施”。

第 3 章 创新应用的理论

在理性行为理论、技术接受模型、弗兰姆巴赫与施乐瓦尔特提出的理论框架、整合性科技接受模型和 DeLone and McLean 成功模型的基础上，本次研究提出了创新应用的高级模型。

第 4 章 高级创新应用模型

高级创新应用模型与“态度”和“应用”直接相关，因为

第 5 章　研究方法与分析框架

第 6 章 组织、个体和社会因素的影响

我们从组织内部员工处收集了大量数据，以进行定量研究。

第 7 章 专业及管理人员的观点

对调查问卷的结果进行分析后，我们又通过一系列访谈，进行了定性研究。

第 8 章 结论及影响

本次研究提供了一种有用的模型，但其还是存在局限性，我们期待不断地改进。

第 1 章 创新应用介绍

1.1 问题的背景

创新使得组织机构有机会全面提高自身的表现。例如，企业可以依靠创新提高其在全球经济中的业绩。然而，业绩或表现的提高通常受制于用户是否愿意接受或使用可用的创新。鉴于这一问题长期存在，且具有重要意义，所以解释说明用户对创新的接受程度就成了组织及信息系统研究领域的一个长期研究课题（戴维斯，1989）。按照弗兰姆巴赫（Framback）、巴克马（Barkema）、努特博姆（Nooteboom）和维德尔（Wedel）的说法，“环境条件不断迫使组织机构进行创新，将全新的产品引入市场。尽管只有一部分新产品能够取得成功，但是深入了解影响潜在应用人是否会应用创新的因素，却很有必要。”与此类似，巴塔奇尔杰与桑福德（2006）也表示，“了解科技接受行为很重要，因为假如个体用户不愿意为提升业绩表现而使用系统，那么使用咨询科技的预期绩效（如效率、效能或生产能力的提高）就无法实现。”文卡特什(Venkatesh)、莫里斯(Morris)和阿克曼(Ackerman)注意到，过去10年，对信息技术的机构性投资显著增长，这些投资对提高个体生产效率以及提高组织机构的生产效率尤为关注。尽管各类创新持续高速发展，但是人们对创新的利用却显著低于预期，这也是创新投资成果低于预期的合理解释之一(文卡特什、莫里斯与阿克曼，2000)。因此，理解工作场所中影响使用人接受创新的因素，一直以来都会受到学者和从业人员的关注(谢里夫、兹穆德与布朗，2006；文卡特什、莫里斯与阿克曼，2000)。

巴塔奇尔杰(Bhatacherjee)表示，创新投资对任何企业组织来说，都是一笔很大的预算支出。为了提高工人的生产效率、更好地做出决定、更高效地完成工作或者为了取得其他预期效应，管理层希望企业员工能够合理利用创新。问题在于，创新并不会自动为员工所使用。巴塔奇尔杰称，“书架综合征（Shelf ware Syndro me）”描述的就是这样一种现象，提高生产效率的软件套装一直摆在书架上，没有得到目标用户的使用。激励用户使用创新，仍是组织面临的主要问题。尼尔森(Nelson)总结道：“工作场所中的新技术应用，已经成了很多企业常见的转型期经历。这些努力能否取得成功，取决于企业内个体的本质及技术本身。”创新既是一种社会变革，影响企业组织内的个体行为；又是一种结构变革，能够改变企业内的工作设计。引入创新，要求企业组织的员工改变态度与行为。如果员工的行为不发生改变，即他们不接受创新或没有发挥创新的最大潜力，那么企业就有可能无法达成预期效果。这如杨布拉德（Youngblood）所说："没有系统使用者参与的解决方案，不是真正的解决方案。成功的科技解决方案，需要使用系统的人尽快、持久地参与。"

如果得不到员工接受，企业应用在工作流程中的创新便不会有太多价值（弗兰姆巴赫、施乐瓦尔特，2002）。员工必须真正使用创新，企业才能实现预期的价值。依据罗杰斯的创新应用模型，在创新得到应用前，创新会经历几个不同的阶段，即个体开发、形成态度、做出决定、实施并确认是否应用创新。尽管企业做出了使用创新的决定，但创新能否真正得到应用，则取决于企业员工。因此，考察企业组织内员工的创新应用非常重要。原因在于，如果员工不接受创新，企业便无法实现预期收益，最终可能会被迫放弃应用创新。除非被说服能够直接从改变中获益，否则人的天性决定了其在本质上是抗拒改变的（阿耶兹，1991）。新技术能为用户提供强大的工具、高效率及更快的速度，以此迅速取代旧技术。"创新是可以被成功应用的，但前提是员工接受并有效地使用创新。这意味着，企业应当明白，想让这个进程有效进行，接受流程和影响因素至关重要。"（李、金、雷与特里米，2006）

尽管学界对创新应用已经做过大量研究，但对应用的动力及个体对创新接受的研究仍然非常有限（弗兰姆巴赫、施乐瓦尔特，2002）。设计一个提高终端用户接受程度、随之提高创新应用效率的有效方法，仍然是我们面临的一个挑战，而且我们很少能够得到具有直接效果的解决方案。"尽管硬件与软件功能仍在以极快的速度发展，但系统利用率低下的问题仍然存在。”（库卡夫卡、约翰逊、林凡特与阿尔格兰特，2003）现有文献资料表明，我们对个体创新应用及影响个体应用的因素知之甚少（巴塔奇尔杰，1998；弗兰姆巴赫、施乐瓦尔特，2002；范·艾芙迪根、威伦加，2002；文卡特什、戴维斯，2000）。因为，我们需要对影响个体创新应用的组织、个体及社会进程的角色进行更深一步的研究（弗兰姆巴赫、施乐瓦尔特，2002；谢珀斯、维泽尔斯，2007；易，杰克逊，帕克、普罗伯斯特，2006）。这份研究旨在填补上述空白。对于希望创造一个有利于个体应用创新的工作环境，进而希望从创新中获得预期收益的企业组织来说，确定这些影响因素非常重要。

在澳大利亚南部进行的实证研究提出了一个全新的理论框架，对过去诸如理性行为理论（阿耶兹、费什拜因，1980）、技术接受模型（戴维斯，1989）及弗兰姆巴赫与施乐瓦尔特提出的概念框架等旧有创新接受模式的优点与局限进行思考，最终开发出了一个创新应用的高级研究模型，同时对这些原有模型进行改进。新的理论框架及改进的模型将帮助人们更好地理解创新应用流程，提高人们对影响个体创新应用因素的认识。理论上讲，通过将创新应用问题整合进一个统一的模型中，能够丰富“创新接受”的理论知识。本次研究对变量及多种因素检测的综合考量，其实代表了理解个体创新应用的全新角度。此外，本次研究还涉及了影响创新应用流程的调节因素，这是过去未曾有人涉及的研究领域。站在从业者的角度，这份研究能够帮助经理人确定并调整企业内激励创新应用的策略，以便更好地适应企业内部使用者的特点。

1.2　研究问题

当一家企业决定采用创新时，其实施却往往非常缓慢。因此，本次研究的目的在于分析以下问题。

（1）组织因素——培训、管理层支持及激励，对个体创新应用有什么影响？

（2）个体因素——认知有用性、个体创新、过往经验、形象和创新的愉悦程度，是否会影响个体的创新应用？

（3）社会因素——同事及社交网络，对个体的创新应用产生了什么影响？

1.3　研究的基本原理

（1）研究开发出了一个全新模型，通过调查个体创新应用的多种因素，对过去的研究进行了拓展。

（2）研究得出的结论，对现有影响创新使用及持续使用因素的理论做出了补充。

（3）研究能够帮助企业组织理解决定企业内部个体创新应用的因素及

其进程。

（4）研究结果能够帮助企业明确，为了开发及推动创新应用并在提高企业生产效率的同时提高员工福利，他们需要对企业政策和战略做出什么改变。

（5）研究能够让人们更好地理解员工对创新应用的态度，由此提高创新在企业内的使用率。

本次研究在对知识理论做出补充的基础上，还能促进企业内部员工对创新的应用。

1.4 研究对知识理论的贡献

该研究开发了一个理论结构，将个体创新应用整合到统一模型中。

本次研究引入了过去研究中未出现的变量，试图整合可能在统一模型中影响创新应用的所有相关因素。研究考察了个体应用创新的程度与影响并决定企业员工个体是否应用及持续使用创新的因素。这份研究将把不同创新应用相关研究中发现的多种不同变量纳入考量，整合为单一的研究背景。组织、个体及社会因素都会对个体态度造成影响，直至个体最终做出是否应用创新的决定。简而言之，这份研究考察了多种因素，检验它们是否重要，评估了各因素间的不同。由此，研究对知识理论做出了补充，扩展了人们对以上现象的理论认识。

1.5 研究对实践的贡献

该研究促使管理人员更多地关注该问题，理解并支持员工个体的创新应用。

除了引起学术界的探讨外，这份研究还会对很多致力于将创新引入企业组织的从业团体起到帮助作用。随着针对终端用户的应用程序越来越多，这些研究成果对于指导管理层更高效地在企业内部接受并使用创新，将会起到关键性作用。这份研究能够明确，哪些创新可以被用来为企业需求提供支持、改善内部工作环境。除此之外，这份研究还能确定影响个体接受创新的因素。对于管理人员来说，这份研究有助于降低与创新应用相关的成本，让企业员工能够更快、更有效率地接受创新。

1.6 结论

这一章提供了研究的背景信息、研究主题及研究的理论和实践的意义。第二章的文献综述，将考察以往研究对企业内创新应用不同方面的研究结果，了解它们各自的理论基础及影响个体创新应用的相关因素。

第 2 章 员工个体的创新应用

2.1 引言

本章重点回顾了员工个体创新应用的相关文献。这一章对创新的定义、创新应用与实施、理论框架、影响创新应用的相关因素及结论进行了分析。

本章解释了创新的不同定义、创新应用及实施存在的问题。本章在三种理论及概念模型——理性行为理论、技术接受模型及弗兰姆巴赫与施乐瓦尔特提出的概念框架的基础上，开发出了个体创新应用的高级研究模型。随后，本章讨论了影响创新应用的相关因素，重点关注了影响个体创新应用的三个组织性因素——培训、管理层支持和激励，五个个体因素——认知有用性、个体创新、过往经验、形象和创新的愉悦程度，及两个社会因素——同事及社交网络。本章还讨论了影响个人对创新接受态度的人口统计学因素。

2.2 创新的定义

各类文献对创新提出了多种不同的定义，下面将重点解释并对比一些主流定义。

罗杰斯（2003）对创新的定义是，“作为一种理念、实践或物体，创新指的是被个体或其他接受单位视作全新的东西。如果一个理念或物体被个体视为新东西，那么它就是一种创新。”此外，罗杰斯还表示，“创新中‘新’的概念，并不一定是指新知识。一个个体也许已经在一段时间里了解到一种创新，但其尚未对此形成喜欢或不喜欢的态度。”罗杰斯称，“创新中‘新’的部分，可以表现为知识、信念或采用的决定。”（罗杰斯，2003）

阿富埃（Afuah）认为，创新是利用新的科技体系提供改进过的、更好的服务。对员工来说，新体系产生的结果既是新的，也有着更高的效率。希金斯（Higgins）表示，“创新是某种新事物的发展，这一发展对个人、团队、企业机构、行业或社会都有着重要意义。”这个定义将创新解释为一种对个人和组织机构都能产生重大意义的物体或体系。企业希望员工个体能够接受创新，随之提高企业的工作效率、获得竞争优势、维持卓越的管理体系。霍尔特（Holt）也有类似的说法，他认为创新是一个过程，需要利用知识与信息，去创造或引入对个体和组织来说全新且有用的东西。

扎尔特曼、邓肯和霍尔贝克（Zaltman Duncan，Holbek）认为，“创新可以被定义为一种被相关接受方认为是全新的理念、实践或者人工制品。”他们认为，创新就是在接受的个体或组织看来属于全新的系统或项目，而不管其他已经应用这一系统或项目的组织认为其有多么古老。不论这个系统存在了多长时间，或者有多少个其他组织应用了这个系统，都不会直接影响考虑应用这个系统的组织对其“新”的认识。他们表示，“这并不等于被企业接受的每一个新理念、新体系或新技术在社会看来都是全新的。一个特定的新技术，也许只对应用它的企业或个体是新的。”这种看法也得到了罗杰斯的支持。该定义的关键点在于，就算技术本身已经存在了很长时间，可只要计划接受技术的个体认为那是新的，那么该技术或体系就应当被认为是一种创新。

尽管扎尔特曼、邓肯和霍尔贝克的定义和论述很有道理，且符合逻辑，也与本次研究具有相关性，但是从前述的所有定义中，我们可以得出一个更全面的有关“创新”的定义，即创新可以被定义为一种理念、一个体系或者一个技术，其要么是全新的，要么相比过去有了显著提高，组织或个人可以应用这种理念、体系或技术，在组织内创造额外价值，提高表现或效率。根据这个定义，我们可以说，创新能够为企业组织增加价值，只有其被真正应用时，才应被视为创新。一个新的概念或技术如果不能应用到企业的日常活动中，就不能被视为创新。若想将创新融入企业实践中，就需要企业内所有元素付出大量努力，尤其是那些将要使用目标创新的员工们。

2.3 创新类型

巨大的社会、经济和科技变革塑造了当今世界。“改变无所不在，创新则加速了我们适应很多改变的过程。”（戈帕拉克里斯南和达曼波尔，1997）在培养经济发展、提供并维持企业的优异表现、打造竞争力、开发更优质的产品及提高标准和生产效率方面，创新起到了相当重要的作用。研究者经常将不同的创新进行对比，这些对比可以帮助我们理解创新进程。研究者将创新大致分为三种主要的类型，分别为行政与技术创新、产品与流程创新以及激进式创新与渐进式创新。

行政与技术创新反映了企业内社会与技术体系在宏观上的区别。“技术创新涉及产品、流程与科技，以创造的形式为一家企业提供与基本工作相关的服务。”（戈帕拉克里斯南和博利，2001）相比流程创新，技术创新更容易在企业内得到接受和应用，因为技术创新通常被人视为更有好处的创新。而“行政创新涉及企业架构、管理流程和人力资源，这些创新与企业的基本生产活动间接相关，与企业管理有更直接的关系。”行政创新往往会更多地被规模大、结构复杂的企业所应用，用来控制与协调内部各组织。技术创新一般出现在技术核心部门，而行政创新更多地由企业的行政核心部门发起。

产品与流程创新的区别很明显，两者分别影响企业内的不同部门和活动。戈帕拉克里斯南和达曼波尔表示，“流程创新是生产技术中用于调节投入和产出的工具、设备和知识，对于整个行业、各企业及下属子单位来说，它们是全新的。”而产品创新则是能为客户、员工或委托人带来收益的产出或服务。研究表明，企业应用更多的是产品创新，而非流程创新，因为流程创新主要与实现产出有关，而与产出本身关系较小，所以流程创新的效果并不显著，不容易被人观察到，而且应用的难度较大。出现这种情况的原因在于，想要成功应用流程创新，就需要对企业的组织架构和行政体系做出大范围的调整。当企业规模较小、结构简单时，它主要引入的是产品创新。随着企业规模扩大、结构越来越复杂，它才会引入流程创新，因为高度的复杂性与更大的规模一般更有利于流程创新产生效果。达曼波尔和施耐德 2006 年的一份研究证实，组织的复杂性和规模对创新的所有阶段都会产生影响。

激进式创新和渐进式创新的区别，在于创新对企业结构和流程改变的程度。按照戈帕拉克里斯南和博利 (2001) 的说法：“激进式创新为企业组织的行为带来根本性的改变，与现有实践存在明显差别。”而“渐进式创新会对现有产品和流程做出微小改变，对企业现有能力做出强化。”

达曼波尔认为，从平均角度来看，激进式创新的接受程度低于渐进式创新，因为激进式创新会对企业的现有架构做出更大的挑战，由此在应用和接受过程中，会面临更大的内部阻碍。对于企业成员来说，激进式创新显得更为复杂，会在企业内部引起更大的不确定性。研究结果显示，员工数量众多的企业比员工数量少的企业更容易引入激进式创新，因为克服障碍需要相应的技术知识和资源。

达瓦尔（Dewar）和达顿（Dutton）认为，渐进式创新是对现有技术的改进或调整，而激进式创新则是对现有体系或技术的巨大变革。在渐进式创新中，复杂性和知识深度的重要性并不高，因为应用这类创新时，企业的开发、支持和执行所需要的知识资源相对较少，所以只需要通过外部环境接触、应对这类创新就足够了。企业员工可以通过加入行业协会来接触这类创新，或通过企业内的其他成员及其他企业的成员了解这类创新。这些都是企业员工跟上发展的脚步、在日常生产活动中提高效率的方法。

本次研究关注的是技术创新，因为研究关注的是与生产活动相关的服务。这份研究也是流程创新，因为它对员工来说是一个全新的工具，目的在于帮助企业员工提高生产效率。这也是渐进式创新，目的在于找出企业的内外部环境是如何对员工的创新应用产生影响的。对于已经被采用多年的先进功能，人们普遍将其看作渐进式创新。这种类型的创新应用，可能会受到组织支持、外部因素及员工个性或环境的影响。

2.4 创新应用流程

企业内应用指的是发生在企业组织内员工个人的创新应用（弗兰姆巴赫和施乐

瓦尔特，2002）。企业组织间的应用，指的是企业从同一行业内的商业合作伙伴过去所应用的创新中得益的一个过程。当供应商、客户、竞争对手和其他企业都在应用一个创新时，企业也会倾向于接受这个创新。组织性应用就是一个过程，即企业接纳一个全新理念，以取得诸如生产效率、利润增加、战略控制、效率和效能等组织性优势。

员工真正接受创新前，要经过一系列创新应用流程。在创新被员工接纳，并且通过长期应用认可其价值后，这个创新才能称得上成功（巴塔奇尔杰，1998）。罗杰斯将应用定义为“接受人全面利用创新，将其视为最佳选择”的决定。企业应用一个创新意味着企业员工也在发生着创新应用，即企业内的创新应用（弗兰姆巴赫和施乐瓦尔特，2002）。

按照罗杰斯的创新应用模型，每个创新在得到应用前都会经历几个阶段。在创新应用过程中，决策流程起到了重要作用，因为企业的员工面临着创新与否、挑选不同创新以及使用不同方法应用创新等各种选择。罗杰斯表示，创新决策流程就是一个人从对创新的第一印象开始，到对创新形成态度，再到做出应用或拒绝的决定，最后实施并使用全新的理念以确定相应决定的过程。这个流程由一段时间内的一系列行为和选择构成，个体在其中要对新理念做出评估，并做出是否要在未来实践中应用的决定。

本次研究关注的是罗杰斯创新应用模型的后两个阶段，也就是实施阶段与确认阶段。尽管一家企业可能做出了应用某个创新的决定，但创新是否真正得到应用，仍然取决于员工如何在日常工作中实施创新以及在企业的生产活动中持续利用创新。如果创新应用既没有对员工产生影响，又没有引起他们的兴趣，那么企业的预期可能就无法实现。因此，考察影响个体员工的因素、了解导致他们对创新应用有兴趣并持续使用的原因，就变得至关重要。

2.5 组织化创新应用

尽管本次研究关注的是个体创新应用，但传统文献关注的则是组织的创新应用，以确定影响企业决定是否应用创新的原因。企业为了提高生产效率和利润，做出创新应用的决定。战略重要性及组织效能同样会刺激企业做出升级体系的决定。与之相对，员工个体应用创新理念或流程的目的，在于实现诸如职场晋升等个人利益。如果认为创新能够帮助自己更好地完成工作，个体也会接纳创新。个体对创新的应用同样取决于企业对待创新的态度，因为只有企业才能给员工提供接触创新的机会。如果企业不去推进创新应用，那么员工就不可能接纳并使用这个创新。企业需要创造一个鼓励员工发挥创造力、努力创新的环境。企业应当鼓励员工终身学习，协助并激励员工提高技能、补充知识、持续进步。

组织化创新应用决定有两种。一种是企业做出决定，另一种是企业内的个体做出决定（弗兰姆巴赫和施乐瓦尔特，2002）。企业层面的应用决定，有发起和实施两个阶段。“在发起阶段，企业意识到了创新的存在，对其形成态度并评估新应用；在实施阶段，企业决定购买并利用创新。”（弗兰姆巴赫和施乐瓦尔特，2002）弗兰姆巴赫和施乐瓦尔特认为，企业对创新应用的知识决定了应用实施的起点，因为企业内部对创新的接受程度现在变得越来越重要。

影响企业层面创新应用决定的因素有很多。弗兰姆巴赫和施乐瓦尔特认为，企业内相关决策人对创新的看法，将影响他们对该创新应用的评估及倾向。预期净收益，包括创新带来的经济刺激，都会对企业的应用决定产生重要影响（曼斯菲尔德，1993）。其他影响企业组织化应用的创新特性包括相容性、复杂性、可观察性、可测试性及可预见的不确定性（弗兰姆巴赫和施乐瓦尔特，2002；努特博姆，1988；罗杰斯，2003）。

企业对创新的应用决定还会受到企业自身特性的影响。企业存在多种特性，比如组织规模、组织架构、组织创新性及组织战略态势（肯尼迪，1983；扎尔特曼、邓肯和霍尔贝克，1973）。弗兰姆巴赫和施乐瓦尔特表示，“人们不断发现，规模能够影响应用倾向，它通常与创新应用之间有着明确的关系。”这是因为，规模更大的企业为了支持并提高业务表现，对创新应用有着更高的需求。相反，小型企业的态度更灵活、更有创新能力，因此更容易接受创新。此外，弗兰姆巴赫和施乐瓦尔特表示，“这些明显迥异的关系，在考虑其他如架构、战略和文化等变量之外，很大程度上要归结到其与企业规模之间的相互关系上。”比如，扎尔特曼、邓肯和霍尔贝克曾断言，越是正规化、中心化的企业，发起创新应用决定的可能性就越小，但他们实施创新的基础准备更好。弗兰姆巴赫和施乐瓦尔特表示，企业对创新的接受程度，会影响其接受新产品或理念的倾向。采取激进型经营战略的企业更有可能对创新采取开发的心态（韩、金和斯利瓦斯塔瓦，1998）。

一个制造并提供创新的企业，很大程度上会影响其接受创新的可能性（弗兰姆巴赫、巴克马、努特博姆和威德尔，1998）。伊兴伍德（Easingwood）和彼尔德（Beard）认为，尽管不同因素可能会刺激或促进创新的应用，但有三个因素是最重要的，即确定目标、沟通及降低风险。谨慎及有针对性地甄选应用创新的潜在应用对象，能够加速企业对创新的应用。例如，创新型企业相比其他企业更容易接受创新（弗兰姆巴赫和施乐瓦尔特，2002）。加文（Gauvin）和拉吉布（Rajib）表示，以某个企业为目标时，必须考虑创新应用能为该企业带来什么收益和机会。

由于创新应用很大程度上属于信息处理活动，所以制造商或供应商必须就创新与潜在贸易伙伴进行沟通。沟通会间接影响潜在接收人应用创新的倾向。弗兰姆巴赫和施乐瓦尔特认为，沟通不仅能让对方意识到创新的存在，还能影响潜在接收人对创新的态度。创新的制造商或供应商可以以实施风险、财务风险和运营风险的方式保证风险的减少，由此可能会刺激企业接受创新。制造并提供创新应用的企业可能在一段时间内会以较低的入门费向潜在接收人提供测试版的创新（拉姆和杨，1994）。弗兰姆巴赫和施乐瓦尔特认为，在高科技市场中，为了赢得市场，发起风险降低战略是必需的。

商业环境中的企业能够对彼此的创新应用产生相互影响。无论处于正式还是非正式的关系网中，企业之间都会促进创新信息的传播，这可能会对创新应用产生积极影响（弗兰姆巴赫和施乐瓦尔特，2002）。列斐伏尔（Lefebvre）、伊利亚（Elia）及伯伊克（Boeck）尤其强调了电子商务流程中的中小规模企业的创新应用问题。此外，商业环境也能从多个方面影响创新应用。潜在应用人可能会通过其所在环境中已经应用了创新的商业伙伴所得收益形成他们的观点。当供应商、客户、竞争对手和其他企业都在使用创新时，企业接受创新的机会也会变得更高（弗兰姆巴赫和施乐瓦尔特，2002）。

在竞争市场环境下，为了维持市场地位，企业可能被迫应用某个创新。按照弗兰姆巴赫和施乐瓦尔特的说法，不接受一个在市场环境中已被其他企业接受的创新，可能会导致在竞争上处于劣势。创新的战略重要性及其对企业效率与效能的潜在影响，都会刺激企业考虑应用创新。

2.6 影响个体应用的因素

接下来的部分将对变量做出定义，说明影响个体创新应用的因素。为了研究个体针对创新及其后续应用的态度，有必要了解影响其形成上述态度的因素。从文献综述来看，变量共分为三大类——组织、个体及社会因素。三大类下共有十个子分类——培训、管理层支持、激励、认知有用性、个人创新、过往经验、形象、创新的愉悦程度、同事和社交网络。这些因素影响并决定了个体对创新的接受及持续利用的程度。此外，模型也考虑了人口统计性特征，作为创新应用的缓冲变量。对于创新的应用和持续应用来说，这些因素至关重要。我们需要逐一解释每个变量，以确定其重要性，明确为什么要在调查员工应用创新中了解这些因素的作用。

2.7 组织因素

研究表明，个体对创新的应用，不止取决于个人的态度，同样与企业组织的政策、态度和行动有关。对于考虑应用创新的个人来说，组织因素属于外部因素。企业需要提供有利环境，其中包括向员工个体提供的、影响他们是否应用创新的各类支持。一般认为，有利环境应当包括提供培训的机会及各种支持。有利环境对新信息体系创新的融入和应用起到了作用。这些因素包括培训、管理层支持和激励。这些因素对个体创新的功能与应用、创新的有用性及其与工作的吻合度产生影响，最终实现创新的应用。组织性影响能够激励员工应用某些创新。

培训

这里涉及的是企业向员工提供培训的程度及范围。研究表明，为了增加员工使用新体系所需的知识及专业技能，企业需要向他们提供何种及何种程度的培训。在提高使用者信心、让他们有能力学习并利用创新方面，培训扮演了重要的角色。它能提高个体进行相关工作的技术和能力（李、金、雷和特里米，2006）。伊格巴里亚（Igbaria）、齐纳特里（Zinatelli）、克拉格（Cragg）及卡瓦耶（Cavaye）认为，培训可以让员工对应用有更深理解，让他们产生更友好的态度，更频繁地应用以及开发更多用途。一些研究表明，培训可以鼓励个体接纳创新。培训可以减少焦虑感，提高人们对创新的积极感知，由此影响创新应用。回顾相关研究可以发现，创新的应用直接受到对潜在应用者的专业指导、培训和咨询的影响。当员工遇到困难时，如果得到培训、教育和协助，创新应用的某些潜在障碍就会被减少或消除（伯吉斯、杰克逊和爱德华兹，2005；汤普森、希金斯和霍威尔，1991）。个体的创新应用与相关正规培训的数量成正比关系。培训能够增加个体的信心、提高效能、增加知识，这些都是成功完成工作的条件（里根、阿卜杜拉和塔鲁克达尔，2007）。个体化的教学流程，以及对学习进程的关注，更有可能加快创新应用的进程（法尔和福特，1990；元等人，2005）。

管理层支持

戴维斯、巴格兹和沃肖提出，管理层的支持是影响创新应用的一个很重要的变量，很有可能影响员工对创新的接纳与应用。管理层支持包括高级管理人员的鼓励及合理分配资源（伊格巴里亚、帕拉苏拉曼和巴鲁迪，1996；伊格巴里亚、齐纳特里、克拉格和卡瓦耶，1997）。在接纳创新及使用创新的过程中，管理层的支持是一直存在的。其他研究同样表明，管理层的支持与个体的创新应用存在正比关系

(特莱维诺和韦伯斯特，1992)。也就是说，管理层支持促进了员工对创新的接纳和应用。管理层支持与更广泛地应用创新息息相关，缺乏管理层支持被视为创新应用的核心阻碍。如果管理层重视创新应用，那么员工就会更重视创新。

通过加强员工在工作业绩中的角色，管理层可以强化个体对创新的应用。管理层可以通过工作部署提高创新应用的短期成功率，同时打造员工的长期能力，以此帮助员工更好地接纳并应用创新。管理层对引入创新做出的针对性支持和咨询反馈，不仅能帮助员工建立信心，而且通过直接的强化努力，还能鼓励员工主动产生应用创新的意向(法尔和福特，1990)。阿特维尔认为，复杂的创新应用一般会有更高的知识门槛，而员工个体是否应用创新，受制于员工从企业高级管理层得到的支持。高级管理层的支持，是企业内个体应用创新的一个重要影响因素。过去的研究表明，管理层的支持显著影响创新的使用(李、金、雷和特里米，2006)。

激励

激励指的是个体对应用创新带来的收益或结果的信念。激励通常被看作员工应用创新行为的一个强有力的刺激因素。萨宾顿(Sappington)的研究表明，激励可以鼓励员工个体去接纳并使用创新，以实现管理层定的目标。一般来说，经理人采纳创新，是为了实现如提高生产效率、增加利润等企业利益，他们希望员工能够合理使用创新，以实现预期收益。员工重视的是个人收益，比如，职业晋升、个人或企业成就等。为了鼓励创新的应用，经理人必须为员工提供激励，比如应用创新的奖金、工作认可和表彰（巴塔奇尔杰，1998）。

库里德认为，激励并非一定是经济性的。有创意的、非物质的激励，比如授予工作日程安排的管理权、公开给予认可和改变头衔，从长期看都能和提高工资或授予奖金起到相同的作用（巴塔奇尔杰，1998）。开始尝试前，个体必须能从应用创新中预见到合理的积极结果。能够被个体视为积极的结果，包括经济奖励、企业进步、正式与非正式认可、自主权增加、相信自我价值与成就，以及更高的工作保障（巴塔奇尔杰，1998；法尔和福特，1990）。如果创新能够带来对个体有利的结果，那么个体就更有可能应用这个创新。例如，为个体提供应用创新的自主时间，或者应用创新可能得到奖金，这些因素都会对个体的创新应用产生影响（巴塔奇尔杰，1998；陈和秦，2002；法尔和福特，1990）。

2.8 个体因素

刘易斯（Lewis）、阿加瓦尔（Agarwal）和桑巴莫西（Sambamurthy）认为，个体因素是创新应用中最重要的决定因素之一。个体因素指的是个体对创新及其自身的认知解释。不少研究表明，认知有用性、个人创新、过往经验、形象和创新的愉悦程度等因素，对个体是否应用创新会产生非常强的影响力（阿尔-加塔尼和金，1999；伊格巴里亚、帕拉苏拉曼和巴鲁迪，1996；刘易斯、阿加瓦尔和桑巴莫西，2003；文卡特什和戴维斯，2000）。我们注意到："个体特性已经在管理信息体系的成功中扮演了关键角色。"

认知有用性

员工接受或拒绝创新的原因很多。比如，过去有研究表明，员工是否应用创新，取决于他们认为这项创新能否帮助他们更好地完成工作。这个变量被称为"认知有用性"，其定义为"个人认为一个特定系统提供工作表现的程度"（戴维斯，1989）。"有用性"也是使用人认为应用创新能够带来的总价值。戴维斯认为："一个被外界认为有用性高的系统，指的是个体使用者认为存在积极绩效关系的系统。"戴维斯还发现，认知有用性与系统使用存在更强大、更持久的关系。其他研究表明，认知有用性与系统使用率正相关（伊格巴里亚和金，1999；伊格巴里亚，1993）。还有研究表明，认知有用性是最强有力的预报因素，而且在衡量、考察的全部过程中都发挥了重要作用（阿加瓦尔和普拉萨德，19998；文卡特什和戴维斯，2000；文卡特什、莫里斯、戴维斯和戴维斯，2003）。当个体认为一项创新比企业现有实践更具有优势时，个体就更有可能接受并应用这个创新。"个体以认知有用性的形式评估行为结果，以有用性是否受欢迎作为个体行为的选择基础。"（金、陈和古普塔，2007）如果个体认为使用新体系能够提高工作效率，或者能让其更好地掌控工作，那么创新就越有可能得到应用。

个人创新

个人创新指的是个体尝试创新的意愿（阿加瓦尔和普拉萨德，1998；刘易斯、阿加瓦尔和桑巴莫西，2003；撒切尔、斯蒂皮纳、斯利特和刘，2003）。易、杰克逊、帕克和普罗伯斯特在文章里写道："有些个体更愿意冒险，尝试创新，而其他人则犹豫不决，不知道是否该改变实践方式。"在创新应用问题上，所有企业都希望能对员工的态度产生影响。但是，总有一些员工比其他人更愿意接受创新。阿加瓦尔和普拉萨德认为，员工对创新的接受和应用，受到其个人创新能力的影响。弗兰姆巴赫和施乐瓦尔特提到："个人创新"是一个人接受创新的内心固有趋势。创新能力可能会影响个人对创新的看法。罗杰斯将这个因素定义为在扩散过程中个体应用创新的时间。具有创新意识的个人指的是愿意在扩散过程早期就接受创新的个人。阿加瓦尔和普拉萨德认为，创新领域的"个人创新"指的是一种个人倾向，是一种在接受和使用创新时更积极的态度。按照罗杰斯的创新扩散理论，个体对新技术形成看法，需要综合多方信息，包括来自大众传媒和人际传播渠道的信息。个人创新能力强的个体，一般在面对创新应用时能够形成积极的态度（阿加瓦尔和普拉萨德，1998；刘易斯、阿加瓦尔和桑巴莫西，2003）。企业员工的创新能力或者对改变的接受能力，是创新过程中一个重要的决定因素（李、金、雷和特里米，2006）。

过往经验

过往经验指的是使用者过去面对创新时的经历及其使用创新的整体能力，这个定义包括个体过去使用创新的经验（伊格巴里亚、古马拉埃斯和戴维斯，1995；伊格巴里亚、帕拉苏拉曼和巴鲁迪，1996）。过去面对创新的成功经验，使得员工能在早期阶段就应用创新。法尔和福特表示，在某个特定技术领域具有创新意识的企业成员，面对类似或不同的创新应用时，将会展现出更积极的态度。面对创新的过往经验，有可能提高个体对创新应用的信心（伊格巴里亚、帕拉苏拉曼和巴鲁迪，1996）。有利或成功的经历可能带来更积极的印象。不过，即便是不成功的经历也能提高个体的信念，使其从错误中汲取教训，或者了解如何在未来取得成功（法尔和福特，1990）。过往经验及对创新的熟悉程度，能减少焦虑感，帮助个体构建信心（富勒、维西安和布朗，2006）。希尔、史密斯和曼恩提出，过往经验可以正面影响行为意向。有研究表明，使用电脑的过往经验与使用其他创新性科技之间存在正相关关系。由此，对个体的创新经验进行总结，可能导致应用另一种创新的决定。班杜拉（Bandura）认为，个体也有可能在间接经验的基础上倾向于创新应用。观察其他人使用创新并成功完成工作的经历，会提高个体为完成工作而使用创新的行为意向。过往经验对创新的使用存在积极影响（李、金、雷和特里米，2006）。

形象

形象指的是使用创新对个体在企业内部形象或状态的提高程度（摩尔和本巴塞特，1996）。个体通常对能在参照团队中建立或保持良好形象的因素做出积极反应（文卡特什和戴维斯，2000）。在典型的工作环境中，在一个相互依赖度高、员工之间需要相互补充的环境下，对很多个体来说，提高自身在团队中的形象和地位非常重要。按照他们的观点，“地位提高带来的权力和影响力的增加，是更高生产效率的一般基础。”个体可能会因此认为，应用一个创新能够让他的工作表现得到提高。与此类似，杰克逊、帕克和普罗伯斯特表示，“创新如果能提高他们的形象和社会地位，那么个体可能就会认为该创新是有用的。”

创新的愉悦程度

创新的愉悦程度是指应用体系的行为为个体带来的愉快及满意的程度（阿尔－加塔尼和金，1999）。文卡特什和布朗认为，个体的创新应用决定，会受到愉快程度的影响。有研究将愉快程度描述为“从消耗或使用创新中得到的快乐”（巴宾、达尔登和格里芬，1994）。娱乐潜力会对应用创新决定产生很大的影响，而且还能让潜在应用者得到逃离当下不满现实的机会，让他们全心全意地投入到新世界中（范·德尔·黑登，2004）。有关“动力”的研究表明，动力一般分为两种：外部动力和内部动力。外部动力指的是实现某个特定目标，而内部动力说的则是从某个特定行为中得到了快乐和满足（瓦拉兰德，1997；文卡特什和布朗，2001）。文卡特什和布朗认为，外部和内部动力是驱动人们做出接受并应用创新决定的主要原因。有研究结果显示，对生产效率有着更高预期或者对结果拥有乐观态度的员工个体，更有可能应用创新。对于在早期选择应用创新的人来说，取得社会效果更重要（文卡特什和布朗，2001；文卡特什和戴维斯，2000）。

2.9 社会因素

员工对创新的应用，还会受到社会环境的影响。如果在员工社交环境中有其他人使用创新，这有可能对该员工的创新应用产生影响。社会影响指的是社会团队中的成员对彼此接受行为的影响程度（柯纳纳和巴拉斯布拉马尼安，2005；文卡特什和布朗，2001）。潜在应用者会观察周围的人在接受、应用创新时承受的压力及影响，周围人通过发出信息和信号，帮助潜在应用者形成对创新或行为的价值判断（福尔克和伯伊德，1991）。阿耶兹和费什拜因将这类影响定义为有关创新应用适当性的规范或标准信念。按照这种观点，员工选择应用一个创新，不是因为其有用性，而是因为可预见的社会压力。这种压力可能来自其信念及意见被视为很重要的个体，包括同事以及同一社交圈内的人（伊格巴里亚、帕拉苏拉曼和巴鲁迪，1996）。亚伯拉姆森和罗森科夫认为，在很大程度上，这是一种潜在应用者之间互相施加的内部影响，以说服彼此应用创新。一些研究发现，促使企业内的个体接受创新时，社会因素比经济因素起到了更大的作用。

同事

在创新的应用过程中，员工会受到同事的影响。来自周围人的精神支持、刺激与鼓励能够对员工产生极大的影响（法尔和福特，1990；刘易斯、阿加瓦尔和桑巴莫西，2003；元等人，2005）。同事应用了某种创新，可能会发出“这个创新很重要，能带来一定优势”的信号，最终激励其他个体也去应用这个创新。个体一般会通过观察来模仿周围人的行为（弗兰姆巴赫和施乐瓦尔特，2002）。周围人的说服与沟通，被认为是影响创新能否被接受的因素之一（戴维斯、巴格兹和沃肖，1989；米尔维斯、赛尔斯和哈克特，1991）。布兰乔（Brancheau）和韦瑟比（Wetherbe）认为，企业员工在决定是否应用创新时，同事间的交往在整个决策流程中具有更重要的意义。他们发现，企业员工应用创新的决定，能明显影响管理层和同事。企业内应用者之间的沟通交流越多，其他人就越有可能接受并应用创新（范·艾弗迪根和韦伦加，2002）。

社交网络

刘易斯、阿加瓦尔和桑巴莫西认为，社交网络指的是员工个体被其他组织成员影响的程度。同一社交网络间成员的沟通交流，能够提高创新应用的速度。企业员工参与非正式的社交网络，能够加快创新信息的传播速度，由此对创新的应用产生影响。这个非正式社交网络连接了企业内、企业之间或不同行业间的成员（弗兰姆巴赫和施乐瓦尔特，2002）。有关重要对象的观点和积极态度，可以成为一个人利用、运作创新的基础（易、杰克逊、帕克和普罗伯斯特，2006）。企业成员与其他组织成员分享信息的程度，就是相互联系的程度。非正式信息分享的程度越高，企业成员就越有可能接触更多的理念和实物（弗兰姆巴赫和施乐瓦尔特，2002；罗杰斯，2003）。一个企业的成员可能会在同一市场环境中相关企业的其他成员提供的信息基础上，决定是否应用一个创新（布朗和文卡特什，2005；卡兹和夏皮罗，1994；克劳特、莱斯、库尔和费什，1998）。实践证明，外部影响有很重要的作用（库姆巴迪、锡米斯托克利斯和伊拉尼，2006；斯坦登和辛克莱尔－琼斯，2004）。

2.10 人口统计因素

接下来将讨论模型中的人口统计学变量，这些缓冲变量可以对个体创新应用的信念和态度产生影响。本次研究的关注点在于男性和女性的创新应用率是否存在区别。

有关工作场所中个体对创新的应用及持续使用的研究中，性别的确是一个能导致不同结果的变量。男性是否比女性更多地应用创新，这个论点目前存在争论。比方说，勒罗格（Lerouge）、牛顿（Newton）和布兰顿（Blanton）

发现，男性应用创新的频率远高于女性。一些研究提出了一种解释，即男性更容易被电脑吸引，且使用技术也比女性好。然而，还有其他研究表明了相反的结果，女性应用创新的概率高过男性（巴特纳加尔和格斯，2004）。

人们普遍认为，创新使用者都是年轻人。在创新的使用偏好方面，我们发现了明显的年龄差别。50 岁以上的老年组使用创新的程度明显低于 20 ~ 29 岁和 40 ~ 49 岁年龄组（勒罗格、牛顿和布兰顿，2005）。由于相比年轻人，很多老年人使用电脑和互联网的经历有限，因此使用创新很可能导致焦虑心态出现，所以鉴于可预见的困难，很多人会避免应用创新（波特和邓苏，2006）。年轻人（20 ~ 29 岁）在工作中相对来说都是新人，可能刚毕业不久，所以他们有着强烈的意愿，希望使用新学到的技能。40 ~ 49 岁的专业人士也许愿意接受创新，促使职业生涯出现第二春。30 ~ 39 岁的群体也有从创新中学习的潜力。但是，勒罗格、牛顿和布兰顿的研究显示，30 ~ 39 岁群体的年龄因素对创新应用率并没有产生重大影响。

专业学科也是一个能对创新的接受与使用产生重要影响的因素。一般来说，科技部门的员工相比社科部门的员工，对创新往往有着更多的知识储备。

目前，有关学术人员是否比行政人员更多应用创新的研究不多。学术人员的主要工作是教学和研究，而行政人员或办事人员更多的是处理行政管理工作，有时候为了创建特定文件、保存数据或者和多方保持内部或外部联系，他们可能需要应用创新。因此，相比学术人员，行政人员也许会更多地应用某些特定创新。

尽管目前尚不存在全职员工是否比兼职员工应用创新更多的研究，但很明显，相比兼职员工，全职员工的工作职责更多。兼职员工工作时间相对较少，工作职责也少于全职员工。兼职员工可能会使用创新，但使用程度可能很有限，原因在于他们的责任和工作负担是有限的。

教育水平也是决定是否使用创新的另一个重要人口统计学变量。教育水平可以让使用者有操作创新、欣赏创新的能力。波特（Porter）和邓苏（Donthu）认为，“是否应用一个创新的决定，与一个人拥有如何合理使用技术知识有关。”较早接受新技术的人，一般拥有更高的教育背景及更多的知识储备，而这也表现在他们相比教育水平较低的人能够更快地理解创新上（波特和邓苏，2006；罗杰斯，2003）。接受教育较少的个体也许感觉自己的知识不够，可能拥有更多的“电脑焦虑”以及不够复杂的认知结构，这都会对他们的学习能力造成阻碍。

2.11 面对创新的态度

“态度”也存在多种定义。比如，阿耶兹和费什拜因将态度定义为一种针对某物、某人、某事或者某制度支持与不支持的预设立场。按照兰、周和屈的观点，“态度是个体对其行为表现喜欢或不喜欢的感受。”阿耶兹和费什拜因表示，态度有行为信念的作用以及评估结果的功能。他们解释道：“行为信念是一个人对实施某个特定行为会导致某个特定结果的确信，评估结果则是一个人对特定结果的分析。”针对信息系统的态度，学界在过去已经做过大量研究。比如，廖和兰德里（Landry）明确表示，员工对创新接受的态度，会对创新应用的意向产生影响。帕夫洛和费根森认为，“态度”已经表现出了能够影响行为意向的特点，而且这种关系也得到实证结果的有力支持。在阿耶兹和费什拜因研究的基础上，戴维斯发展出了“态度构建等级”理论。该理论要求受访个体根据自己使用创新的感受，按照五分制对五个事物做出评分。当员工对特定行为的态度发生改变时，他们的行为可能也会发生改变。特别是，当员工持有积极态度时，他们就更有可能实施；当员工产生消极态度时，他们实施某种行为的可能性就会减少。针对创新应用的态度，是在之前高级研究模型中企业、个体和社会因素的集合信念。正面、积极的态度可能会鼓励员工个体接受和使用创新。

2.12 结论

首先，本章回顾了企业员工创新应用问题的相关文献。根据历史文献，

“创新”指的是被相关接受单位视为全新或有显著提高的一种理念、体系或改造，应用者可以此增加价值或提高自身在企业内的行为表现。只要应用该技术或体系的个体及组织认为其是新的，那么该体系或技术就是新的，而不论这个体系或技术已经推出了多长时间，也不论有多少其他个体或组织已经应用过这个体系或技术。

随后，本章讨论了罗杰斯的创新应用流程模型，这个模型表明，在真正得到应用前，每个创新都会经历以下五个阶段——知识、说服、决定、实施和确认。本次研究重点关注的是最后两个阶段，即实施和确认。之所以将这两个阶段作为重点是因为企业组织可能做出了应用某个创新的决定，但“确认”却取决于员工是否会在日常工作中“实施”，并在企业活动中持续使用创新。

最后，本章讨论了影响员工创新应用的相关因素。影响员工应用创新的要素可以分为三大类，即组织因素、个体因素和社会因素。三大类下又包含 10 个变量：培训、管理层支持、激励、认知有用性、个人创新、过往经验、形象、创新的愉悦程度、同事和社交网络。此外，本章也涉及了人口统计学因素。下一章将讨论开发高级创新应用模型所需的创新应用理论。

第3章 创新应用的理论

3.1 引言

本次研究的理论框架，包括理性行为理论、技术接受模型、弗兰姆巴赫和施乐瓦尔特提出的概念框架、整合性科技接受模型和 DeLone and McLean 成功模型。本章说明了用来考察创新应用的模型是如何随时间变化而发展的，并且在最后提出了更进一步的发展。这个模型的基础是费什拜因和阿耶兹在 1967 年提出的理性行为理论。该理论的前提是，任何特定行为的意图，都是由当事人针对该行为的态度及相关主观规范决定的。但是，这个模型并没有考虑任何外部因素及人格特征（人口统计学因素）。有证据表明，外部和人口统计学因素也会对创新应用行为产生影响。

在此基础上，戴维斯（1989）提出了技术接受模型。他认为，主观规范并不重要，认知有用性和新技术的易用性才是主要的决定因素。这个模型同样没有包含能够影响使用态度的外部和人口统计学因素。费什拜因和阿耶兹注意到了理性行为理论中未涉及的外部因素。2002 年，弗兰姆巴赫与施乐瓦尔特提出的模型也包含了外部因素。他们将影响态度的九种因素划分为三大类——社会、组织及个人，同时将社会规范重新纳入模型。还有一些研究显示，其他一些因素也能对应用决定产生影响，比如人口统计学因素。本章还简要地对整合性科技接受模型以及 DeLone and McLean 成功模型进行了讨论。本章对上述主要模型进行推导，由此展现理性行为理论的核心，即信念决定态度，态度决定行动以及是否坚持行动，了解产生影响的一系列因素是如何发展并作用的。

3.2 理性行为理论

起源于社会心理学的理性行为理论是一个得到广泛研究的模型，其关注的是有意识的行为。理性行为理论框架的基础，建立在信念、态度、意图和行为之间的区别上（阿尔-加塔尼和金，1999）。学界已经对理性行为理论模型进行了细致的研究，这个模型已经被证明在很多领域能够成功地预测、解释各类行为（戴维斯、巴格兹和沃肖，1989；库卡夫卡、约翰逊、林凡特和艾尔格兰迪，2003）。

理性行为理论于 1967 年推出，并不断地得到了完善、发展和检验。这个理论假定人类大多数时候是理性的，他们可以对可用的信息进行系统化应用。在决定是否进行某个特定行为前，人首先会考虑自身行为可能带来的后果，理性行为理论因此得名。该理论的最终目标，在于预测并理解个体行为。阿耶兹和费什拜因认为，“这个理论将一个人实施某个行为的意图视为该行动的直接决定因素。由于该理论的目的在于理解人类行为，因此，确定什么决定了意图，就变得至关重要。”

按照理性行为理论的表述，一个人是否实施某个行为，取决于他是否有实施该行为的意图。而行为意图则是由两个基本要素决定的：个人针对特定行为的态度以及主观规范（阿耶兹和费什拜因，1980；库卡夫卡、约翰逊、林凡特和艾尔格兰迪，2003）。因此，“行为意图能衡量一个人实施某个特定行为意愿的强度。”（阿耶兹和费什拜因，1980）此外，“态度指的是个体对实施行为的正面或负面评估。态度显示的是一个人对实施一个行为是好是坏的判断，表明其支持还是反对实施某个行为。”（阿耶兹和费什拜因，1980）

依据这个理论，态度决定了信念。一个相信实施某特定行为能带来积极结果的人，将会对实施该行为持有积极态度；而一个相信实施某特定行为会带来消极结果的人，对实施该行为也会持有消极态度（阿耶兹和费什拜因，1980；巴塔奇尔杰和桑福德，2006）。理性行为理论认为，一个人对某个行为的态度，由他对实施该行为产生结果的主要信念和对行为结果的评估决定（戴维斯、巴格兹和沃肖，1989）。信念指的是个体对实施目标行为导致结果的主观概率，以及对结果可能导致影响的评估。阿耶兹和费什拜因（1980）认为，一个人针对行为的态度所决定的信念，就是行为信念。

主观规范也是一种信念，不过却是另外一种信念，即一个人所认为的、特定个体或团体认为自己应当或不应当实施某个行为的信念（阿耶兹和费什拜因，1980；易、杰克逊、帕克和普罗伯斯特，2006）。这些隐藏在一个人主观规范下的信念，被称为规范信念。阿耶兹和费什拜因表示，“一个人认为对自己最有影响力的人认为自己应实施某个行为，这会被视为一种社会压力。”换句话说，“如果对一个人最有影响力的人认为这个人不应实施某个行为，那么这个人就有了避免实施该行为的压力。”因此，如果参考对象实施了某行为，只要个体感受到了更大的社会压力，那么个体就更有可能实施该行为（兰、周和屈，2007）。

阿耶兹和费什拜因表示，除针对目标的态度外，他们对行为的分析并没有涉及多种社会及行为学家用来解释行为的因素。他们的分析没有涉及人格特征，比如人口统计学变量和外部变量。有大量证据表明，这些因素能够对行为产生影响。理性行为理论的假设前提是，外部刺激因素通过改变一个人信念结构的方式影响该人的态度。阿耶兹和费什拜因还认为，“外部变量可能会影响一个人持有的信念，或者影响其对态度及规范考量相对重要性的判断。”他们的观点表明，外部因素确实可能会对行为产生影响。

理性行为理论是一个独特且被深入研究过的模型，人们希望以此预测并理解人类行为。这个模型被用到了很多不同领域，并且得到验证，能够成功预测并解释人类行为。戴维斯、巴格兹和沃肖（1989）表示，“支持理性行为理论的经验数据正逐渐积累，形成一个庞大的实体，并且被广泛地应用在不同研究领域的不同研究之中。”理性行为理论还引发了学界的大量理论研究，试图理解理论框架、检测假设并对不同的改进和延伸进行分析。比如，戴维斯提出了认知有用性和感知易用性这两个变量，从而追踪外部因素对信念、态度和意图的影响，对理性行为理论做出了延伸。这些变量在有关计算机的接受行为中起到了作用。

尽管理性行为理论中未包含外部因素，但这个理论并没有否认外部因素的重要作用，正如阿耶兹和费什拜因说的那样，“调查研究外部变量的作用，可以提高对已有行为现象的理解。”虽然阿耶兹和费什拜因表示外部因素能够帮助人们理解行为现象，但他们并没有明确地将外部变量纳入模型。阿耶兹和费什拜因指出，外部变量分为三大类：人口统计变量（年龄、性别、职业、社会经济地位、宗教信仰及教育）、对组织化目标的态度（包括针对其他人和机构的态度）和个性品质（内向–外向、神经质、威权主义和显性心理）。“基于不同经历，人们可能对实施一个行为产生的结果形成不同信念和不同的规范信念。这些信念反过来决定了态度和主观规范，后者进一步决定意图和相关行为。”由此可以看出，他们认为外部变量能够影响个体对环境的解读，从而影响一个人持有的信念。本研究认可了阿耶兹和费什拜因提出的外部变量可能产生的影响，通过明确加入外部及人口统计学变量，对阿耶兹和费什拜因的模型做出了扩展。这些变量会影响员工对创新应用的态度，进而对员工的行为产生影响。

3.3 技术接受模型

技术接受模型于1986年提出，该理论在理性行为理论的基础上，专门研究用户对信息技术的接受问题（戴维斯、巴格兹和沃肖，1989）。"无论是最初接纳还是持续使用多种信息技术，这个模型都被证明具有极好的预测效果。"（卡拉哈纳、阿加瓦尔和安格斯特，2006）这一理论的目的，在于为技术接受的决定因素提供一种解释。这个理论能够对很多使用技术的用户行为做出解释，同时具有简单且符合理论的特点（戴维斯、巴格兹和沃肖，1989）。这个理论同样适用于创新应用的决定。理性行为理论的一个核心目标，就是为追踪技术接受中认知和感情决定因素这两个基础变量提供一个基准（阿尔－加塔尼和金）。

技术接受模型以两个特定信念——认知有用性和感知易用性为假设前提，该理论认为两者是计算机接受行为的主要相关因素（布鲁纳和库玛尔，2005；戴维斯，1989；金和贺，2006）。"认知有用性指的是预期使用人认为使用特定应用系统对其工作业绩提高的程度。感知易用性指的是预期使用人认为目标系统使用的容易程度。”（戴维斯、巴格兹和沃肖，1989）。戴维斯称：“什么导致人们接受或拒绝信息技术？在众多可能影响系统使用的变量中，过去的研究表明，两个决定因素尤其重要。第一，个体会在他们认为应用能够帮助提高工作表现的范围内使用该应用，这个变量被称为认知有用性。第二，即便潜在用户认为一个应用有用，但如果他们觉得使用难度过大，使用的性价比不高，就不值得为使用该系统付出那么大的努力。”所以，理论上，创新使用除了受有用性影响，也会受到易用性的影响。

戴维斯、巴格兹和沃肖认为，“在理想状态下，我们需要一个模型，不仅能做出预测，还能给出解释。如此一来，研究者和从业者都能明确某个系统被接受或不被接受的原因，并由此追求合适的修正方法。”他们进一步表示，“之所以构建技术接受模型，目的在于通过明确以往研究中用来解决计算机接受问题中的认知和感情决定因素时提出的少量基本变量，最终实现以上目标。”理性行为理论理论框架的基础，是提出了信念、态度、意图和行为之间的区别。按照理性行为理论的观点，“一个人实施某项特定行为，是由其实施该行为的行为意图决定的，而行为意图由个人的态度和有关该行为的主观规范共同决定。”（阿尔－加塔尼和金，1999）和理性行为理论类似，技术接受模型提出，对计算机的使用，由行为意图决定。与理性行为理论不同的是，技术接受模型的行为意图是由个人对应用技术的态度及其认知有用性共同决定的。在技术接受模型中，是否使用技术的态度，由认知有用性和感知易用性共同决定。因为主观规范是理性行为理论最难理解的部分之一，所以技术接受模型没有将其视作行为意图的决定因素（戴维斯、巴格兹和沃肖，1989；谢珀斯和维泽尔斯，2007）。

按照汤普森、希金斯和霍威尔的观点，模型不应包含行为意图，应该将态度和实际行为直接联系在一起，因为学术研究更关注实际行为。“类似行为过去已经发生过了，而行为意图是某人的主观概率，是他会不会实施某种行为的可能性，因此解决的是未来行为的问题。”（阿尔－加塔尼和金，1999）本次研究希望评估的模型，建立在理性行为理论、技术接受模型和弗兰姆巴赫、施乐瓦尔特模型的基础上，为了全面考察哪个模型能够帮助人们更好地理解使用行为，还对多组变量进行了检测。本次研究也希望引入一个未出现在技术接受模型里的主观规范架构。

不少学者已经对技术应用进行过了研究，很多人用到了技术接受模型。尽管这些研究中利用技术接受模型提出了一些有关技术接受的观点，但他们的研究重点关注的是技术适用决定因素的态度及行为意图。金与贺认为，“由于其易理解且相对简单，技术接受模型已经成为信息系统中最常被使用的一个模型。但是该理论是不完美的，所有研究并没有阐释所有技术接受模型的关系；针对不同类型使用者和系统的不同研究，预测的效果会有很大不同。”除此之外，易、杰克逊、帕克和普罗伯斯特认为，“技术接受模型应当融入一个除创新应用外还包含和人与社会变革过程有关的变量，成为更有包容性的模型。”此外，“近期有关 IT 技术应用的研究，一般以技术接受模型或包含一个变量的延伸版本为基础，比如技术的愉悦性，作为参照。”（陈和陈，2001；黄，2005）我们要注意，相比弗兰姆巴赫和施乐瓦尔特提出的模型，技术接受模型并没有对很多变量进行考察。

因此，我们需要一个结合了创新应用不同元素的变量的高级创新应用模型。过去绝大多数创新应用研究都集中在行业或企业层面，学界尚未将研究扩展到后续的个体层面，也不存在相应的考察个体创新应用决定因素的研究（巴塔奇尔杰，1998；弗兰姆巴赫和施乐瓦尔特，2002；文卡特什和戴维斯，2000）。本次研究寻求开发一种高级创新应用模型，结合以往模型及很多创新、管理文献中的多种因素，以期开阔视线，在更广的范围内进行研究，最终帮助我们理解个体的创新应用及其使用水平。

3.4 弗兰姆巴赫与施乐瓦尔特提出的概念框架

弗兰姆巴赫与施乐瓦尔特在2002年提出的概念框架，同样也是本次研究提出的高级模型的基础之一。按照弗兰姆巴赫和施乐瓦尔特的观点，个体对创新的接受，取决于针对关键创新的认知信念和感情。这些信念和感情体现在个体对待特定创新的态度上。弗兰姆巴赫和施乐瓦尔特表示，“态度可以发生改变，有证据表明，一个人的态度可以对外部变量和刺激因素的影响起到调和作用。”

按照弗兰姆巴赫和施乐瓦尔特的模型，个体对创新的使用，同样与管理战略、政策和活动有关，这些因素包括培训、社会说服、组织支持。个体对创新的功能及应用的感觉、创新所能带来的优势以及与个体工作的配适性，都会受到这些因素的影响。这些变量在各自模型中被归类于组织性促进因素。根据这个模型，尽管企业试图影响员工对创新应用的态度，但总有一些人比其他人更具有接受创新的心理准备。这个概念就是“个人创新”——“独立于与他人的沟通交流经历，一个人在产品分类中接受某创新的趋势”。个人创新通过直接和间接两种方式，影响个体的接受态度。该模型进一步提出，个人创新是由多种个人特征决定的，比如人口统计学特征、在职时间长短、产品体验和个人价值。个体对创新的接受还会受到社会因素的影响。此外，社交环境中创新的使用率也是个体接受创新的驱动因素之一。这些社会影响可能来自于两个方面——网络外部性和同事。这两种变量一般被归于社会使用类别。

弗兰姆巴赫和施乐瓦尔特的概念模型还没有接受过检验，他们也希望有研究专门对他们的模型进行测试。虽说相比过去的技术接受模型，弗兰姆巴赫和施乐瓦尔特将大量因素纳入了自己的模型中，但他们并没有将几个重要因素包括进来，比如认知有用性、形象和创新的愉悦程度等，而这些因素都是其他创新应用研究的组成部分。因此，我们需要一个更完整的模型，能够包容并检验大量影响个体创新应用的因素。本次研究就开发了这样一个模型，即高级创新应用模型（AMIA）。

3.5 整合性科技接受模型

整合性科技接受模型是由文卡特什、莫里斯、戴维斯和戴维斯在 2003 年提出的一个概念，这个模型整合了过去 8 个有关技术接受与使用的模型和理论。在对 8 个主要技术应用理论深入研究的基础上，文卡特什、莫里斯、戴维斯和戴维斯构建了 UTAUT 模型，在预测员工个体的创新使用行为方面，人们也开始越来越多地使用这个模型。文卡特什、莫里斯、戴维斯和戴维斯整合了理性行为理论、技术接受模型、动机模型（MM）、计划行为理论（TPB）、技术接受模型 –TPB 综合模型（C– 技术接受模型 –YPB）、个人电脑使用模型（MPCU）、创新扩散理论（IDT）和社会认知理论（SCT）。这个理论假设，使用技术的行为意图是由绩效预期、努力预期和社会影响决定的。有利环境能够直接对使用行为产生影响。类似性别、年龄、经验和主动性等调节因素也出现在了模型中，以考察变量和使用行为意图之间的关系。整合性科技接受模型被用来建构创新应用的高级研究模型。

3.6 DeLone and McLean 成功模型

信息系统（IS）成功模型是由德隆和麦克林恩在 1992 年提出的、用来描述系统质量与信息质量对用户满意和使用行为影响的模型。德隆和麦克林恩将系统质量描述为信息系统本身的特性，其衡量的是技术上的成功。信息质量指的是信息产品的特性，其衡量的是语义上的成功。这个模型还指出，使用、用户满意、个体和企业影响是信息系统有效性成功的衡量标准，其中也涉及了信息对用户的影响。德隆和麦克林恩提出，自己的模型中有六个相互关联的部分，各部分的关系非常松散。模型指出，当包含重要性能和特征的一个信息系统被创造出后，其总会在不同程度上展示系统质量和信息质量。德隆和麦克林恩认为，个体使用者和经理人通过使用系统来体验相应特性，他们对系统质量和信息产品只会产生满意或不满意的想法。系统的使用及信息，会影响个体使用者完成工作的行为，而对个体的影响汇总起来，便会导致对整个企业产生影响。该模型被证实非常适合用于信息系统的研究，因此成了很多高级创新应用模型的基础。

3.7 结论

本章讨论了各种创新应用理论，为了研究出更包容、容纳大量影响个体创新应用因素的模型，我们还仔细考察了过去创新接受模型的局限性。

在理性行为理论、技术接受模型、弗兰姆巴赫与施乐瓦尔特提出的理论框架、整合性科技接受模型和 DeLone and McLean 成功模型的基础上，本次研究提出了创新应用的高级模型，对上述模型进行了修正。下一章将要讨论的则是创新应用的高级研究模型。

第4章 高级创新应用模型

4.1 引言

本章的目的，在于展示研究模型的理论发展，进而提出创新应用的高级研究模型。本章分为四个部分——引言、研究模型概要、创新应用的高级研究模型（AMIA）及结论。

4.2 研究模型概要

本次研究，是以理性行为理论为概念模型的基础，同时综合了技术接受模型和弗兰姆巴赫与施乐瓦尔特提出的概念框架，并对上述模型进行了一些改进。通过对相关文献进行整理，研究者发现有四类因素会对个体的创新应用产生影响，它们分别是个体因素、社会影响、组织因素和人口统计学因素。在此基础上，学者首次提出了研究模型的概要。图 4-1 展现了这个研究模型的基本要点。

这个模型的前两部分分别是行为信念和规范信念，类似第 3 章 3.2 中谈论过的理性行为理论的内容。研究者将这两部分称为个体因素和社会影响。

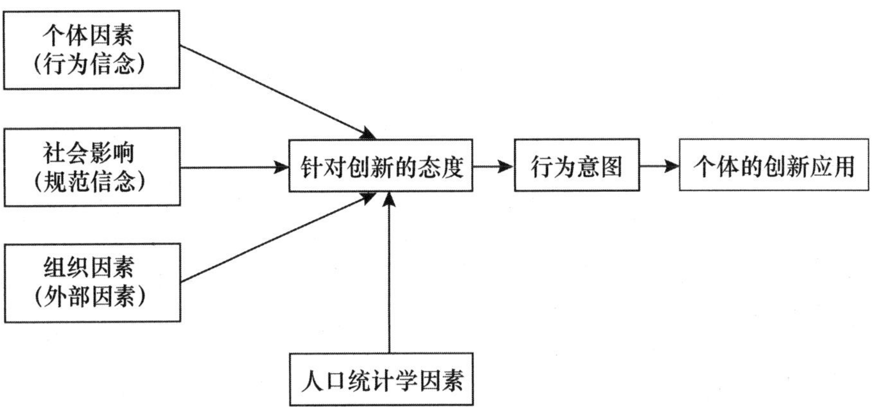

图 4-1　研究模型概要

该模型的第一部分被称为“个体因素”，类似于理性行为理论和技术接受模型中的行为信念。理性行为理论采用的是单一信念架构，即行为信念。而技术接受模型则提到了两种特定的行为信念——认知有用性和感知易用性，第 3 章 3.3 部分对此进行了详细的叙述。这些行为信念因素正是使用者对创新及个人的看法。

模型的第二部分，是“社会影响”，类似于理性行为理论的规范信念。技术接受模型并不包含规范信念因素，因为技术接受模型认为规范信念不重要。规范信念是理性行为理论中最难理解的因素。尽管如此，本次研究还是包括了这个因素，因为研究者相信，在个体应用态度方面，规范信念是一个很重要的影响因素。弗兰姆巴赫和施乐瓦尔特还在他们的概念框架中融入了社会因素，同时建议学界对此进行进一步研究。他们将这些因素定义为个体观点，即绝大多数人心中认为对自己很重要的人认为他应当或不应当实施某个特定行为时，那就算规范信念。

模型的第三部分是“组织因素”。相对于考虑是否应用创新的个体来说，这是外部因素。阿耶兹和费什拜因没有将外部因素纳入理性行为理论，但他们表示，调查研究外部因素能够提高人们对现有行为的理解。弗兰姆巴赫和施乐瓦尔特将组织性促进因素以外部因素的形式纳入模型。我们的研究模型包括了外部因素，因为阿耶兹和费什拜因特别强调这些因素的重要性。此外，弗兰姆巴赫和施乐瓦尔特也把外部因素纳入了自己的模型。在我们提出的模型中，外部因素被限定为个体工作的企业内的因素。这些因素来自管理政策、战略和经营活动。

模型的第四部分是“人口统计学因素”。阿耶兹和费什拜因并未在理性行为理论中提及人口统计学因素，但他们也表示，人口特征也会对行为产生影响。弗兰姆巴赫和施乐瓦尔特提及了人口统计学因素，但并未将其作为独立的主要类别。我们的研究不仅包括了人口统计学因素，而且将其作为独立而主要的类别，因为这类因素与其他因素明显不同，且与个体特征直接相关，是决定个体特征的条件，因而自然会影响到行为。

以上行为信念、规范信念、外部因素和人口统计学因素都会影响个体看待创新的态度，而态度随后会影响个体的创新应用。有大量研究都支持或认可态度与应用之间的强大联系。本次研究提出的模型保留了行为意图，将其作为从态度转向创新及其应用的平台。这么做的原因在于，这能让研究者运用模型预测使用一个创新的未来意图。不过，本次实证研究调查的是真实性，不会涉及任何未来意图。

4.3 高级创新应用模型

接下来的一部分叙述的是模型的细节，讨论了新理论框架的发展轨迹。

本次研究使用的模型，维持了理性行为理论的基本框架，同时融入了技术接受模型的部分要素。弗兰姆巴赫和施乐瓦尔特提出了大量变量，这些变量都能对态度起到决定作用，而两人也建议对这些变量进行专门研究。本次研究融合了那些变量。图 4-2 显示的就是创新应用的高级模型。

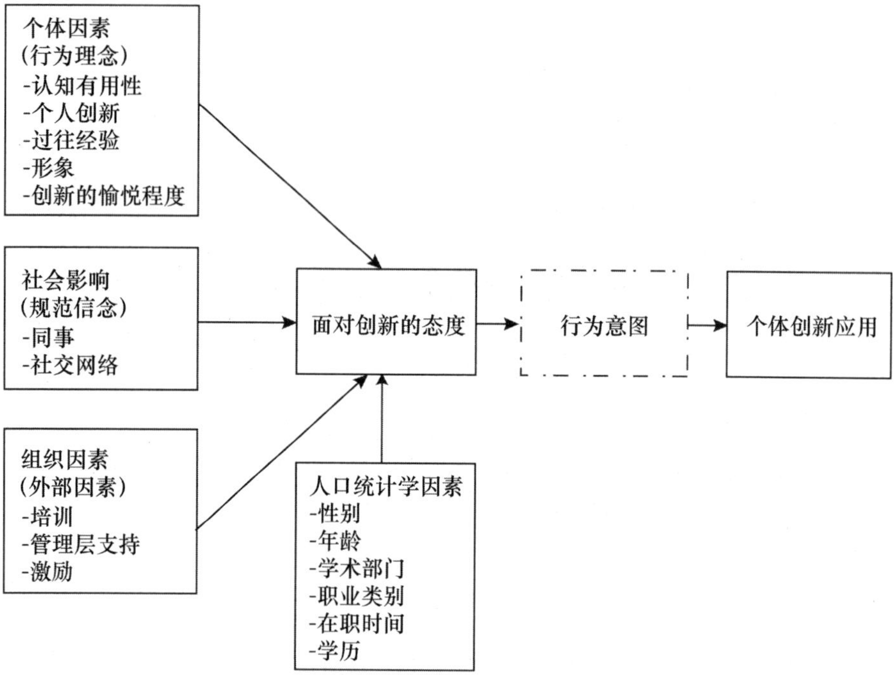

图 4-2　创新应用的高级研究模型

4.4　个体因素

在开发高级模型的过程中，研究者融入了行为信念因素，并将其称为“个体因素”。刘易斯、阿加瓦尔和桑巴莫西用“个体因素”描述个体对创新和自身的认知解读。本次研究中使用的“个体因素”和刘易斯、阿加瓦尔和桑巴莫西的定义相同。在个体因素或行为信念因素的类别下，理性行为理论、技术接受模型和高级创新应用模型分别有一个、两个和五个变量。这 5 个变量分别是认知有用性、个人创新、过往经验、形象和创新的愉悦程度。

认知有用性

个体因素类别下的第一个变量是认知有用性。技术接受模型使用了这个变量，这也是一个得到广泛认可的因素。认知有用性指的是，个体认为使用某特定创新对自己工作表现的提高程度（戴维斯，1989）。技术接受模型中信念变量的第二部分即易用性和其他与特定创新有关的变量，由于属于认知有用性的一部分，本次研究并未对此进行单独区分。

个人创新

个体因素下的第二个变量是个人创新。理性行为理论和技术接受模型都没有使用这个变量，不过刘易斯、阿加瓦尔和桑巴莫西以技术接受模型为基础构建的模型，就在个体因素下包含了这个变量。个人创新指的是个体使用创新的意愿（阿加瓦尔和普拉萨德，1998）。个人创新的确会对员工的创新应用产生影响。如李（2004）以及李、金、雷和特里米（2006）的研究则使用了“创新性”这种说法。不过阿加瓦尔和普拉萨德（1998），易、杰克逊、帕克和普罗伯斯特（2006）以及易、吴和童（2006）使用的则是“个人创新”。弗兰姆巴赫和施乐瓦尔特（2002）在他们的模型中使用了“个人倾向性创新”，用来解释和“个人创新”相同的概念。事实上，他们在图解模型时使用了个人倾向性创新，但在文字注解时，他们又将其称为个人创新。他们将个人创新定义为“一个人在一个产品分类中，不受与他人沟通的影响，接受一个创新的趋势”。因为更贴切且已得到认可，所以本次研究使用了“个人创新”这个说法。

过往经验

个体因素下第三个变量为过往经验。过往经验是个体过去使用相同或类似创新及一般创新能力的经历。这个变量显示的是个体从以往的工作、自我培训、培训课程及其他应用创新的方法中获得经验的程度。弗兰姆巴赫和施乐瓦尔特 (2002) 将“产品经验”的变量纳入模型，并把这个变量定义为使用产品进而影响应用的经历。伊格巴里亚、帕拉苏拉曼和巴鲁迪 (1996) 使用了“技能”；伊格巴里亚、圭马拉埃斯和戴维斯 (1995) 用的是“用户计算机经验”；法尔和福特 (1990) 用的是“过往相关工作经验”，而李、金、雷和特里米 (2006) 使用了“经验”这种说法。本次研究使用的是“过往经验”，因为这是最合适的说法。研究人员无意特意指定某个创新或产品分类，希望以此保持开放性，以便和过去任何有关创新的应用经历相联系。

形象

个体因素下的第四个变量是形象，这个变量指的是使用创新对个体在企业组织内形象提高的程度。这是个体对自身的认识，因此属于行为信念的一部分，即本次研究所称的个体因素。理性行为理论、技术接受模型及弗兰姆巴赫和施乐瓦尔特（2002）并没有将这个变量包含进自己的模型。其他研究，比如易、杰克逊、帕克与普罗伯斯特（2006），阿尔－加塔尼和金（1999），文卡特什和戴维斯（2000）这些以技术接受模型为基础建立的模型，将“形象”归在信念因素之下，认为其能影响应用的态度。摩尔和本巴塞特（1996）、李（2004）等人的研究，同样将形象变量视为信念因素的一部分。本次研究将形象变量引入了高级模型，认为它能使人们对创新应用的态度产生影响。

创新的愉悦程度

个体因素下的第五个变量是创新的愉悦程度。这指的是使用创新的行为在多大程度上被认为是愉快的，能够在多大程度上让个体得到满足。理性行为理论、技术接受模型及弗兰姆巴赫和施乐瓦尔特（2002）同样没有将这个变量纳入自己的模型。不过，阿尔－加塔尼和金（1999），伊格巴里亚、帕拉苏拉曼和巴鲁迪（1996）以及范·德尔·黑登（2004）这些以技术接受模型为基础开发模型的研究，都使用了这个变量。阿尔－加塔尼和金（1999）

用的是“愉快”这个说法；伊格巴里亚、帕拉苏拉曼和巴鲁迪(1996)使用的是“可感知的乐趣/愉悦”，范·德尔·黑登(2004)使用了类似的“可感知的愉快”这种说法。本次研究使用了“创新的愉悦程度”这一说法，用来描述从创新的使用中获得的愉快感受，这个变量也会影响个体针对应用的态度。

4.5 社会因素

在开发高级创新应用模型的过程中，研究者在模型中吸收了社会规范因素，将其称为“社会影响”。之所以采用这种说法，是因为这种影响来源于社会环境。刘易斯、阿加瓦尔和桑巴莫西(2003)在他们的模型中使用了社会规范概念，并将其命名为“社会因素”。范·艾弗迪根和威伦加(2002)采用了“社会影响”这一说法。社会影响这个类别下共有两个变量——同事与社交网络。

社会影响属于规范性因素。理性行为理论中出现了规范因素，但是技术接受模型并未将理性行为理论的主观规范概念包括在内，因为技术接受模型认为这个因素并不重要，而且也是理性行为理论中最难理解的一部分(戴维斯、巴格兹和沃肖，1989)。“戴维斯、巴格兹和沃肖放弃了技术接受模型中的社会规范，原因在于，从实证角度看，这个因素并不重要，而且很可能是信息技术接受环境中最不重要的因素。”（巴塔奇尔杰和桑福德，2006）尽管技术接受模型并不包含主观规范，但理性行为理论却将主观规范视作决定行为意图的独立决定因素之一（易、杰克逊、帕克和普罗伯斯特，2006）。兰、周和屈表示，理性行为理论认为个体的主观规范由该个体的规范信念及其满足外界预期的动力共同决定。因此，如果在个体心中占有重要地位的对象实施了行为且个体认为存在更大的社会压力时，他们实施某个行为的可能性就会更大。类似兰、周和屈（2007）以及韦斯特比（2005）这些以理性行为理论为基础建立模型的研究，均认为社会因素能够对个体应用创新的意图产生影响。弗兰姆巴赫与施乐瓦尔特指出，“如果同一社交环境中的其他人也使用重点创新的话，那么组织成员会对创新应用表现出更积极的态度。”研究者同样认为，规范信念也是一个很重要的、能够影响个体应用行为的要素。因此，同事和社交网络这两个变量，作为直接影响个体应用态度的要素也被纳入高级模型中。

同事

社会影响类别下的第一个变量，是同事。同事的影响说的是同事对个体行为的影响程度，它指的是在创新应用过程中，员工从同事那里受到的影响、动力和鼓励。弗兰姆巴赫和施乐瓦尔特同样在模型图解中使用了这个变量，并将其称为“同事使用程度”。不过在文字注释中，他们还是回归到了“同事”这个说法。布朗与文卡特什使用了“工作场所参考对象的影响”。本次研究采用的是“同事”这种说法，这样既简单又容易理解。

社交网络

社会影响类别下的第二个变量就是社交网络，指的是社交网络成员对彼此行为的影响程度。这个变量涉及的是员工在工作环境以外、受所在同一学科部门或其他组织成员的影响程度。弗兰姆巴赫和施乐瓦尔特（2002）将其称为“社交网络客观存在”，他们表示，“如果一个人的参考对象和工作团队内有极多的人使用创新，或者在其社交环境中也有人使用创新，这种因素将对各类创新的应用起到重要作用。”文卡特什和布朗（2001）使用的是“社交网络”这个名词；刘易斯、阿加瓦尔和桑巴莫西（2003）使用了类似的一个概念，即“专业同伴”；而布朗和文卡特什用的是“朋友和家庭影响”这个概念。本次研究借鉴了文卡特什和布朗的说法，使用的是“社交网络”。这种说法既易懂，也容易和“同事”做出区分。

4.6 组织因素

在开发创新应用高级模型的过程中，将组织因素以外部因素的形式纳入其中。组织因素属于外部因素，其中包括个体工作的地点。理性行为理论和技术接受模型中并没有包括这些外部因素。不过，阿耶兹和费什拜因表示，外部因素对理解行为现象也起到了重要作用。弗兰姆巴赫和施乐瓦尔特表示，外部因素能够对态度和使用行为产生影响，他们将组织因素以外部因素的形式融入到自己的模型中，还建议其他学者对此进行检测。他们认为，外部因素能够影响个体的意识，让他们注意到创新的功能和应用以及与工作的配适性。组织因素等同于弗兰姆巴赫和施乐瓦尔特提过的“组织促进物”。伊格巴里亚、扎纳特里、克拉格和卡瓦耶(1997)使用的是“组织内因素”，而刘易斯、阿加瓦尔和桑巴莫西(2003)采用的则是“机构因素”。本次研究使用了“组织因素”的说法。在组织因素下共有三种变量——培训、管理层支持和激励。

培训

组织因素类别下的第一种变量是“培训”，它指的是向员工提供培训的程度。这个变量讨论的是为员工提供培训的多少及其对增加员工使用创新知识与专业技能的提高程度。在弗兰姆巴赫和施乐瓦尔特的模型中，培训属于组织因素。伊格巴里亚、扎纳特里、克拉格和卡瓦耶(1997)，阿尔－加塔尼和金(1999)以及李、金、雷和特里米(2006)等人的研究，也都用到了培训这个变量。本次研究同样将培训作为影响员工创新应用态度的变量之一。

管理层支持

组织因素下的第二个变量是管理层支持，这指的是管理层为员工接纳创新所提供的支持程度。管理层支持包括高级管理层鼓励和合理分配资源两个环节。弗兰姆巴赫和施乐瓦尔特的模型将其视为组织支持的一种形式。不过在伊格巴里亚、扎纳特里、克拉格和卡瓦耶（1997）以及伊格巴里亚（1993）的研究中，这一变量被称为“管理层支持”。本次研究使用的是管理层支持这个说法，因为这种说法更明确，也涉及了为员工提供支持的经理人。

激励

组织因素中的第三个变量是激励。激励是企业可能向应用创新的员工提供的物质或其他好处。弗兰姆巴赫和施乐瓦尔特在他们的模型中使用的是“社会说服”这个名称。尽管弗兰姆巴赫和施乐瓦尔特在模型的图解中使用了“社会说服”，但在文字注释中，他们使用的却是“激励”这个说法。因为便于理解，本次研究采用了“激励”这种说法。

4.7 人口统计学因素

开发高级模型时，我们决定将人口统计学因素考虑进来。这些因素属于员工的人格特征。在影响个体对应用的态度时，人口统计学因素起到了重要作用。理性行为理论和技术接受模型中并不包含人口统计学因素，但两个模型的研究都提到，这些因素确实会对行为产生影响。弗兰姆巴赫和施乐瓦尔特也认为人口统计学因素能够对行为产生影响。伊格巴里亚（1993）主持的一项研究发现，人口统计学因素，如性别、年龄和教育背景等，对创新的应用能够产生重大影响。李、李和郭（2005）的研究除了调查性别、年龄和教育背景外，还研究了其他三个因素，这些在他们的研究中占据了重要内容。本次研究包含了伊格巴里亚（1993）和李、李与郭（2005）的研究中提到的性别、年龄和教育背景。因为弗兰姆巴赫和施乐瓦尔特在模型汇总中包括了在职时间这个变量，所以本次研究也考察了这个变量。此外，现有研究还纳入了其他两种变量——学术部门和职业类别（学术与行政人员）。尽管其他相关研究都没有涉及这两种变量，但本次研究的研究者认为，这两个变量在确定学科和职业类别是否对创新应用有影响时具有非常重要的作用。因此，创新应用的高级模型包含了五种人口统计学变量，即性别、年龄、学科、职业类别、在职时间和学历。

过去的研究模型使用行为意图这个概念解释应用行为（阿加瓦尔和普拉萨德，1998；戴维斯，1989）。研究表明，能否有效利用创新，取决于是否在面对创新时存在积极意图（兰、周和屈，2007）。与此相对，汤普森、希金斯和霍威尔（1991）放弃了“行为意图”这个概念，将态度与实际行为直接联系在一起，他们认为，在行为本身足以被衡量时应当排除行为意图这个概念，因为实际上我们有兴趣的只是实际的应用行为。尽管高级模型保留了行为意图，将其作为替代物，以便用于预测未来的创新使用行为，但我们的实证研究考察的只是真实的行为。本次完整研究的结果确定的将是现实中的创新应用行为。

出现在各种文献中"个体接受""个体应用""个体应用决定"和"系统使用"这些词，意思大体相同，不过高级模型中使用的是创新的"个体应用"这一说法，因为我们考察的是创新应用行为。

4.8 结论

本章讨论了研究模型的概要，进而提出了一个创新应用的高级研究模型。这个模型以理性行为理论为基础，融合了技术接受模型及弗兰姆巴赫和施乐瓦尔特提出的概念框架，还引入了上述模型中未出现的一些变量。本次研究开发出的高级模型，融合了以往各个模型发现的因素，加入了过去模型中提出但并未使用的一些因素，还包括其他与创新接受相关的研究中出现的变量，以期创造出一个完整、逻辑清晰的创新应用模型。本次研究的模型包括 4 类因素——个体因素、社会影响、组织因素和人口统计学因素，这些都会对态度和应用行为产生显著的影响。四大类因素下共包括十个独立的变量（认知有用性、个人创新、过往经验、形象、创新的愉悦程度、同事、社交网络、培训、管理层支持和激励），还有五个调节变量（性别、年龄、学科、职业类别、在职时间和学历）。这些变量能够影响态度，而态度随之影响应用行为。高级模型保留了行为意图这个概念，这让模型具备了预测未来意图的功能，但我们的实证研究考察的仍是实际的使用行为。

我们提出的高级模型并不难理解。这个模型与“态度”和“应用”直接相关，因为模型中包含的因素能够影响态度，进而影响应用。与理性行为理论、技术接受模型或弗兰姆巴赫与施乐瓦尔特提出的模型相比，这个高级模型在解释个体的创新应用方面更为全面。原因在于，这个高级模型包含十个独立变量和五个调节变量，而理性行为理论和技术接受模型分别只含有两个变量。此外，研究者还删除了过去模型中一些不必要的复杂因素，使得模型在实践中具有更清晰、更容易解释的特点。因为个体、社会、组织或人口统计学因素会随着时间变化而发生改变，未来也会不断出现新的影响因素，我们可将新出现的因素归类于个体、社会、组织或人口统计学因素下，因此这个高级模型完全可以长期使用，检测企业内的创新应用行为。

如果高级创新应用模型能够得到证实，那么该模型就可以应用到大量创新应用过程中，解决创新应用中出现的管理问题。未来有关创新和应用的研究，也可以从本模型中获益。这个模型将接受实证研究的检验，下一章讨论的是本次研究使用的方法论。

第5章 研究方法与分析框架

5.1 引言

本章讨论的是研究程序，共分为五个部分，分别为引言，研究设计，研究地点与使用“日历”功能的原因，定量研究方法及对研究样本容量、研究工具、研究变量、可靠性与正当性、专家意见、试点研究、数据收集流程及数据分析的讨论，解决深度访谈和访谈数据分析技术的定性研究以及结论。

5.2 研究设计

纽曼(2000)表示：“从不同的角度观察某物，你就能了解它的真正所在。”纽曼还补充道：“应用到社会研究中，也最好从多个角度进行观察，而不要仅仅从一个角度进行观察。”坎贝尔和弗里斯克大概是最早使用混合方法概念的研究人员，他们在1959年采用多种方法对“心理特征”这个课题进行了研究（斯坎杜拉和威廉姆斯，2000）。本次研究采用了多种方法，收集并分析单一研究中的定量与定性数据。本次研究采用了多方法研究策略，综合使用了定量和定性方法，去收集、分析并展现这两类数据。

研究过相关文献后，我们决定使用两步方法论。第一步，使用定量研究方法，即调查，作为主要的数据收集方法。本次研究通过网络在线调查问卷的方式收集数据，研究中使用了南澳大利亚大学的TellUs软件所收集的网络在线数据。之所以使用“调查”这个方法，是因为研究希望精准地衡量变量的作用，检测与一般解释相联系的高级模型（纽曼，2000）。定量研究的目的，在于考察大量影响个体创新应用的因素，检验本次研究开发出的创新应用高级模型。第二步，使用定性研究的方法，以访谈的形式提供更多的信息。进行访谈的目的，是以个人经验的形式，为高级模型提供更多的证据。

斯坎杜拉（Scandura）和威廉姆斯（Williams）认为，使用不同方法研究同一个课题，相比单一方法更能证明结论的正当性和可靠性。纽曼（2000）也提出：“以不止一种方法衡量某事，研究人员更能看清全部面貌。”为了支持多方法论，斯坎杜拉和威廉姆斯（2000）指出，如果使用多种方法来检验课题，可能会带来更多更经得起检验、概括性更强的发现，研究人员从研究中得到结论的能力也会得到提高，而且他们也能向经理人提出更明确、更可信的建议。本次研究使用多种方法的目的，在于提高研究的正当性与可靠性，在得出更优结论的同时，提供更明确、更可信的建议。

研究地点

本次研究是在澳大利亚南部阿德莱德的南澳大利亚大学进行的。南澳大利亚大学一直认为，创新是促进增长、实现竞争优势的核心驱动力。南澳大学非常重视持续开发其创新能力。创新在成功过程中起到了显著作用，培养了竞争优势，利用了全世界范围内的新机会。通过为全校成员提供接触、应用创新的机会，南澳大学正不断强调并提高其学术及专业人员的创新管理能力。我们对南澳大学学术及行政（专业）员工微软 Outlook 软件的使用情况进行了调查，以此检验研究课题。本次研究考察的是单一组织内的个体接受特定创新或微软 Outlook 特定高级功能的程度，比如“日历”功能。

本次研究在单一组织内采用了多种收集数据的方法，重点关注的是一个有着多个单位或部门的组织。此外，本次研究只涉及一个创新、一种组织文化，且创新的接纳和使用开始时间相同。研究范围定为不同部门使得研究者可以从来自不同创新背景和有着不同使用计算机软件经历的个体处收集数据。这扩大了样本的广度和数据的传播范围。大学也是数据分析的理想载体，因为大学能够提供一种自治且去中心化的环境，在这种环境中，每个人的意见都能得到尊重。此外，对个体在工作行为中有关微软 Outlook“日历”应用的接纳、使用和性能解读产生影响的多种因素，也能从数据中清楚地表现出来。影响因素的范围很广，既有校方支持战略方向，也有高级行政官员之间的沟通交流，有个人社交圈内的直接影响，还有来自组织外同仁传达的信息。本次研究使用了一个特定的创新，即“日历”功能，检验创新应用的高级模型（AMIA）。

使用“日历”功能的原因

本次研究考察的是微软 Outlook 中特定高级功能的使用情况（比如日历功能）。因为微软 Outlook 软件已经在很多年里得到大学员工的广泛使用，所以很适合本次研究。不过在核心（邮件）功能以外，Outlook 还有很多高级功能，而这些高级功能的使用程度却大不相同，而南澳大学也很希望提高这些高级功能的使用水平。Outlook 是微软办公软件（Office）套装中的个人信息管理软件。尽管大众使用的主要是电子邮件功能，但 Outlook 也提供日历功能，还有联系人管理、任务追踪、记录、撰写日记和浏览网页的功能。Outlook 既可以独立使用，也可以和微软服务器连接，为多个使用人提供更好的服务，比如共享邮箱、日历、公共文件夹及会议时间地点等（波莱姆斯基，2003）。

软件中没有被很多人使用的功能被视为全新和创新性功能。这里使用的是扎尔特曼、邓肯和霍尔贝克（1973）对创新的定义。他们认为，“创新可以是一种被相关应用单位视为全新的理念、实践和实物。”只要对于应用的个体来说是新的，无论系统本身已经出现了多长时间，也不管有多少组织已经应用了该系统，这个系统或项目对于特定应用人来说就是新的。创新存世的时间长短以及应用了创新的组织数量，并不直接影响考虑应用该创新的组织或个体对该创新“新鲜程度”的认识（扎尔特曼、邓肯和霍尔贝克，1973）。他们表示，“这并不等于任何被组织应用的新理念、系统和技术在社会看来是全新的。一个特定的新系统，也许只对准备应用其的组织或个体来说是新的。”比方说，虽然“日历”是微软 Outlook 的高级功能之一，但是只有因特殊需要和兴趣而接受了培训的少数员工使用这个功能，所以“日历”算得上一种全新的高级功能。

“日历”具备个人信息管理功能（波莱姆斯基，2003）。因此，日历可以起到 3 种作用：创建预约、使用“会议邀请”及“共享日历”。“日历”同样有助于日程安排、追踪日常活动，它能提醒用户各种活动和预约的时间。通过显示他人的空闲和繁忙时间、发送会议邀请和追踪回复，“日历”还能协助用户安排会议日程。接受邀请的人可以接受、拒绝或提议其他时间。如果接受，那么系统就会自动将该会议添加到所有参与者的日历中。此外，参与者还能强制或自由选择是否在日历中添加会议安排（波莱姆斯基，2003）。“日历”还能协助分享一个人的日历，授权一个人阅读另一个人的日历。“日历”还有更多高级或复杂的功能，比如多次预约、分享与允许、导入导出到其他软件等。本次研究的目的，是使用日历功能检验研究提出的高级创新应用模型。

5.3 定量研究

定性研究法有助于以系统化的方式组织并描述主观数据，而定量研究法则能对无论是一个样本还是目标人群，进行精确的变量测量、量化数据和概括结果（纽曼，2000）。克莱斯维尔（1994）表示，定量研究是一种调查，“基于由变量组成、用数字衡量、以统计方法分析的理论检验，目的是确定理论的预测性归纳概括是否站得住脚。”在定量研究中，研究者通过文献综述的方式，在实际开始收集数据前，确定与一般因果解释有关的问题和变量或者相互关系。在定量研究中，研究者应当保持中立，尽量避免出现偏见，“客观”地评估一个情况或现象。即具有传统、实验和实证性特征（克莱斯维尔，1994）。本次研究以网络在线调查问卷作为定量数据收集的主要方法，通过社会科学统计软件包（SPSS）实现统计分析。研究考察了第 4 章讨论过的创新应用高级模型中的各类变量。

研究的样本容量

本次研究涉及四个部门的教职员工，这些部门分别是：商学院，教育、艺术和社会科学学院，健康科学与信息技术学院，工程与环境学院。用于数据分析的主要统计工具，就是多元回归分析法。哈尔（Hair）、安德森

(Anderson)、塔萨姆(Tatham)和布莱克(Black)指出，为了对变化幅度进行分析，一个单位内应该至少检测20个观测数据；若想得到更容易被接受、更有力的统计数据，那么就需要更大的样本容量。

关于回归分析，哈尔、安德森、塔萨姆和布莱克(1998)建议，每个自变量都应当有5个观测数据。按照从5:1的比例减少观测数据，研究者可能面临过度调整样本的风险，这可能会导致研究结果过于局限在某个样本上，使得研究结果缺少概括性。尽管最低比例为5:1，但最理想的状况是每个因变量和自变量各有15～20个观测数据。若能达到这个水平，且样本符合标准，研究者才能得到概括性的结果。与此类似，史蒂文斯(2001)建议，为了实现社会科学要求的彻底的交叉验证，每个预测量（自变量）需要15个研究对象。按照哈尔、安德森、塔萨姆和布莱克(1998)的样本容量要求，每个因变量和自变量都需要15～20个观测数据，那么有着11个变量（1个因变量和10个自变量）的本次研究，就需要165～220个观测数据。

研究工具

本次研究的定量数据，是通过网上在线发给受访者的调查问卷收集而来的。调查问卷本身源自本次研究，经过实证检测，符合创新应用的要求。研究工具收集了一个组织内受访者有关创新应用和使用“日历”功能的多个问题的回答。因素的选择基于研究所要调查的问题及已经开发成熟的模型。调查问卷采用的是李克特式五分量表（five-point Likert type scale）（李克特，1932），即 1 分 = 非常不同意（SD），2 分 = 不同意（D），3 分 = 中立（N），4 分 = 同意（A），5 分 = 非常同意（SA）。

研究的变量

以下是文献综述中确定并讨论过的、能够对企业组织内员工应用创新产生影响的因素（自变量）。这里共涉及了 10 个自变量：培训、管理层支持、激励、认知有用性、个人创新、过往经验、形象、创新的愉悦程度、同事和社交网络。表 5-1 中为与自变量和因变量相对的调查问题。

表 5-1　研究中的变量

研究问题	自变量	因变量
研究问题 1 如培训、管理层支持和激励这样的组织因素对个体的创新应用会产生什么影响？	1. 培训 2. 管理层支持 3. 激励	个体的创新应用
研究问题 2 类似认知有用性、个人创新、过往经验、形象和创新的愉悦程度这样的个体因素是否会对个体的创新应用产生影响？	4. 认知有用性 5. 个人创新 6. 过往经验 7. 形象 8. 创新的愉悦程度	
研究问题 3 如同事和社交网络这样的社会因素对个体的创新应用会产生什么影响？	9. 同事 10. 社交网络	

5.4 变量构建与常量的定义

调查问卷中使用的问题源自过去成熟且经过验证的问题，而且为了配合本次研究，研究人员还做出了适当的修改。下面列出了自变量和因变量构建与常量的定义。

1. 个体的创新应用

在几个以往研究的基础上（阿尔－加塔尼和金，1999；伊格巴里亚、圭马拉埃斯和戴维斯，1995；伊格巴里亚、扎纳特里、克拉格和卡瓦耶，1997），系统使用被选为个体应用的最主要指标。如何判断系统使用，靠的是实际应用后的自我通报。以过去的研究为基础，本次研究采用了以下五个指标来衡量个体的应用。

（1）实际使用时间。个体被要求以五分量表的形式说明自己平均每周使用“日历”功能的时间，范围从每周不到半小时（1分）到每周超过3小时（5分）。

平均来看，在与工作相关的活动中，你使用微软Outlook软件中的“日历”功能的频率有多高？

（2）使用频率。个体被要求以五分量表的形式说明自己使用微软

Outlook“日历”功能的频率，范围从一个月一次或更少（1分）到每天数次（5分）。

平均来看，每周你会花多少时间使用“日历”功能来进行与工作有关的活动？

（3）**使用等级**。不同功能的使用等级，可以很好地表明整体应用程度以及所执行任务的多样性。因此，我们要求受访者以五分量表的形式说明他们的使用等级，范围从完全不使用（1分）到大量使用（5分）。

请说明对“创建预约”（日程安排及追踪日常活动）功能的使用等级。

请说明对“分享日历”（允许他人查看你的日历）功能的使用等级。

（4）**使用的功能数量**。“日历”共有三个功能，受访者要从零个（1分）到三个（4分）的范围指出自己使用了多少功能。

你使用过多少不同的“日历”功能（创建预约、会议请求、分享日历）？

（5）**所使用功能的复杂程度**。“日历”中包含多种高级功能。如何判断一个创新的总体应用程度，其复杂功能（多次预约、分享与允许、导入导出到其他软件等）的使用程度是一个很好的参考标准。想考察复杂程度，受访者需要以五分量表的形式回答他们对“日历”应用中复杂功能的使用，范围从完全不使用（1分）到大量使用（5分）。

你是否使用“日历”中的复杂功能（多次预约、分享与允许、导入导出到其他软件等）？

2. 培训

培训因素的衡量标准，是员工得到的培训程度。受访者应当回答他们接受了怎样的培训，以及这些培训对增加他们使用创新的知识和专业技能起到了什么作用。培训的评估使用五个标准。这些标准分别被阿尔－加塔尼和金（1999）以及伊格巴里亚、扎纳特里、克拉格和卡瓦耶（1997）使用过。

（1）南澳大学为我提供了内部培训，介绍了“日历”的各种功能。

（2）有现成的内部培训课程，帮助我提高“日历”功能的使用能力。

（3）当我在使用“日历”遇到困难时，会有专员提供一对一支持。

（4）我可以得到有关“日历”使用的定制化指导和培训。

（5）我可以得到“日历”的使用指南。

3. 管理层支持

管理层支持的衡量标准，包括顶层或高级管理人员的鼓励，以及是否分配了充足的资源。个体需要对有关管理层支持的五种论断做出同意或不同意的回答。这些论断出现在伊格巴里亚、扎纳特里、克拉格和卡瓦耶（1997）以及伊格巴里亚、帕拉苏拉曼和巴鲁迪（1996）的研究中。

（1）管理层意识到了使用“日历”功能所能带来的好处。

（2）管理层总是支持并鼓励我在与工作相关的活动中使用微软 Outlook。

（3）管理层提供绝大多数必要的帮助和资源，使我有能力使用“日历”功能。

（4）管理层非常乐于见到员工积极使用“日历”功能。

（5）当我需要使用系统时，管理层能够提供丰富的计算机资源。

4. 激励

激励的衡量标准是个体对创新应用带来好处或结果的信念。个体需要对其获得的收益做出评价。这是在陈和陈$_{(2001)}$以及陈、陈和赖$_{(2000)}$提出“长期结果”后得出来的衡量标准。

（1）使用“日历”功能是有效自我管理的一种方式。

（2）使用“日历”功能能在管理工作方面节省时间。

（3）使用“日历”功能相比传统方法更能保护我的个人信息安全（比如日记）。

（4）因为得到了大学的认可，所以使用“日历”功能能够对我产生激励作用。

5. 认知有用性

认知有用性指的是个体认为使用创新系统对自身工作表现的提高程

度。认知有用性依靠戴维斯（1989）、摩尔和本巴塞特（1996）以及阿尔－加塔尼和金（1999）提出的以下八条标准进行衡量。

（1）使用“日历”功能能够让我更快地完成工作。

（2）使用“日历”功能提高了我的工作质量。

（3）使用“日历”功能降低了工作难度。

（4）使用“日历”功能提升了我的工作表现。

（5）使用“日历”功能提高了我的工作效率。

（6）使用“日历”功能增强了我对工作的掌控力。

（7）使用“日历”功能提高了我的生产效率。

（8）从整体上看，我认为使用“日历”功能对工作是有好处的。

6. 个人创新

该因素指的是个体尝试任何创新的意愿。个人创新有五条衡量标准。其中两条标准是在本次研究中提出的，其他三条标准则是由刘易斯、阿加瓦尔和桑巴莫西（2003）提出的。

（1）如果我听说了一个新的信息技术，我愿意想办法尝试。

（2）在周围人中，我通常是第一个尝试新系统的人。

（3）我喜欢尝试新信息技术 / 软件。

（4）我总是热衷于了解新技术/系统。

（5）我主动了解了更多有关“日历”功能的信息。

7. 过往经验

过往经验的评估标准是使用人应用创新的经历及其使用创新的总体能力。过往经验通过个体对四个问题的回答进行评估，以考察他们从四个来源，即过往工作、自我培训、培训课程及相似系统的过往经验这四个来源方面得到的体验。这些标准源自伊格巴里亚、帕拉苏拉曼和巴鲁迪（1996）及伊格巴里亚、圭马拉埃斯和戴维斯（1995）的研究。

（1）我从过去的工作经历中学会了使用“日历”功能。

（2）我依靠较早的自我培训学会了使用“日历”功能。

（3）我从过去的培训课程中学会了使用“日历”功能。

（4）我从过去使用相似系统/技术中学会了使用“日历”功能。

8. 形象

“形象”指的是使用创新对一个人在组织内形象的提升程度。形象有五个衡量标准。这五个标准分别取自摩尔和本巴塞特（1996）、文卡特什和戴维斯（2000）以及阿尔–加塔尼和金（1999）的研究。

（1）使用“日历”功能改善了我在组织内的形象。

（2）因为使用了“日历”功能，组织里的其他人认为我更有条理了。

（3）组织里使用“日历”功能的人比不使用该功能的人更有效率。

（4）使用“日历”功能是组织的标准化工作标志。

9. 创新的愉悦程度

创新的愉悦程度指的是使用系统让个人感觉愉快和满足的程度。愉悦程度有五个衡量标准，两个属于本次研究原创，三个源自阿尔－加塔尼和金（1999）的研究。

（1）我认为使用“日历”功能是一件令人愉快的事。

（2）我认为实际使用“日历”功能是一个愉快的过程。

（3）我相信，当我使用“日历”功能时，我会享受这个系统。

（4）我认为使用“日历”功能很便利。

（5）我认为使用“日历”功能很有趣。

10. 同事（同校或同部门）

这个因素的衡量标准，是在创新应用中由同事提供给个体员工的影响、推动和鼓励的程度。个体需要以五分量表的形式，对五个有关同事的影响做出同意或不同意的表态。其中三个问题由研究人员开发，两个取自刘易斯、阿加瓦尔和桑巴莫西(2003)的研究。

(1) 我参与的非正式团体中的人认为使用“日历”是有价值的。

(2) 非正式团体中人们的意见对我来说很重要。

(3) 我从朋友那里学会了如何成功使用“日历”功能。

(4) 和朋友交流帮助我更多地了解“日历”功能。

(5) 观察朋友完成一个工作，提高了我使用“日历”功能实施类似工作的意愿。

11. 社交网络（在南澳大学或其他组织）

这个因素指的是员工受类似学科或其他组织个体影响的程度。社交网络有以下五个衡量标准。其中三个是本次研究的成功，另外两个出自刘易斯、阿加瓦尔和桑巴莫西(2003)的研究。

(1) 同一学科中的人认为使用“日历”功能是有价值的。

(2) 同一学科中人们的意见对我来说很重要。

(3)我之所以使用“日历”功能，是因为相关组织机构也在使用“日历”。

(4)我之所以使用“日历”功能，是因为我在其他部门的朋友也在使用。

(5) 我之所以使用“日历”功能，是因为南澳大学的学生和员工也在使用类似系统。

12. 态度

态度是针对一个物体、个人、事件或情况给出赞成或不赞成态度的预设立场，这是个体对自身行为赞成或不赞成的感觉。态度同样也是行为信念和结果评估的应变量。行为信念指的是一个人相信实施某个特定行为导致某个特定结果，而结果评估是一个人对特定结果的评价。本次研究要求受访者根据自身使用创新的感受，以五分量表的形式对五个问题做出评估。这些问题来源于泰勒和托德（1995）、阿尔－加塔尼和金（1999）以及兰、周和区（2007）的研究。

（1）使用“日历”功能对我的工作很重要。

（2）使用“日历”功能与我的工作有关。

（3）使用“日历”功能是有作用的。

（4）使用“日历”功能有着实际意义。

（5）我喜欢使用“日历”功能这个想法。

5.5 研究的正当性与可靠性

研究工具是否优秀的两个主要标准，就是正当性与可靠性（哈尔、安德森、塔萨姆和布莱克，1998)。研究工具的正当性与可靠性需要通过一系列测量方法确立。正当性指的是测量方法精确表达其所要测量对象的程度(哈尔、安德森、塔萨姆和布莱克，1998)，它关注的是科学发现的准确程度。研究工具的各条目来源于历史文献及相似领域过去的研究。参与本次研究的人，都是南澳大利亚大学的学术及行政（专业）工作人员。调查问卷中的问题，来源于对类似团队的相关研究，如表 5-2 所示。

表 5-2　不同研究的参与者

研究	参与者
刘易斯、阿加瓦尔和桑巴莫西（2003）	学术人员
摩尔和本巴塞特（1996）	学术人员
伊格巴里亚、帕拉苏拉曼和巴鲁迪（1996）	经理人及专业人员
伊格巴里亚、扎纳特里、克拉格和卡瓦耶（1997）	一般员工
伊格巴里亚、圭马拉埃斯和戴维斯（1995）	专业及管理人员
陈和陈（2001）	管理及一般员工
陈、陈和赖（2000）	经理人、专业机技术支持人员

设计问题时，我们尽量使语言简单、直白，以便受访者能够轻松地理解这些问题。研究人员对调查问题做出了一些细微的调整，以适应本地语境和研究所涉及的创新。除此之外，调查所使用的问题遵循了本文之前讨论过的成熟模式，这也进一步巩固了调查问卷的正当性。

另外，可靠性用于衡量随时间增长在不同背景下取得的相似结果。可靠性通过数值形式表达，一般表现为系数形式——系数越高意味着可靠性越高。Cronbach 系数是应用最广泛的测量可靠性的方法(哈尔、安德森、塔萨姆和布莱克，1988）。研究者采取多个步骤，确保测量方法能够实现实际测量的目的，还要免于任何系统性误差和偏见。为了保证研究的可靠性，我们采用了很多测量方法，比如专家意见、数据审核、试点研究及汇报可靠性系数。此外，我们还使用了三种三角测量法——方法论三角测定、数据三角测定和理论三角测定，希望以此提高研究的正当性和可靠性。所谓方法论三角测定，指的是在分析过定量研究的数据后，采用包括定量调查和定性访谈等不同方法进行研究的方式。关于数据三角测定，本次研究的数据是通过两个不同流程收集的——调查问卷、跨不同学科的访谈及背景调查。至于理论三角测定，在策划及开发高级模型时，本次研究使用了多种理论观点。

专家意见

本次研究使用的第一个定量研究法，由专家意见及针对调查问卷的评价、与问题有关的句子结构及调查问卷的技术方面组成。这些方法有助于对调查问卷的问题做出修改或适当的调整。进行试点研究前研究人员先行听取了专家意见，以确认并明确在整所大学范围调查的课题——微软 Outlook 的高级及复杂性能 / 应用。使用这个方法的原因在于，它能提供相关信息，让我们了解与 IT 领域有关的人的感受与意见，进而帮助我们对调查问卷做出修改。

专家组由五名拥有创新技能、熟悉微软 Outlook 功能的人组成。这些专家都是微软 Outlook 的积极使用者，其中还有人负责全校邮件系统的监控和开发。其中，四个专家是大学的行政人员，另一人是在南澳大学工作、使用学校邮件系统的博士生。尽管博士生不是主要的调查对象，但研究者还是选择了他，因为他是学校的员工，而且作为在学校生活、有工作任务的博士生，他既年轻，又会大量使用邮件系统。研究者从专家意见中得到了很多宝贵且重要的信息。所招募的专家是那些熟悉系统以及学校 IT 部门的相关领域、且对研究有帮助的人士。

专家拥有充足的时间（4～5 天）回答调查问卷，去讨论并自由地给出他们对相关问题的看法。有些专家给出了意见，以直接对话和在问题下画线的方式指出问卷的哪些地方需要修改。有些人用邮件的方式给出了书面反馈。无论是直接对话还是书面反馈，都对设计最终版本的调查问卷有所帮助。比方说，“使用”下有一个问题是，“你接触过或用过多少不同的日历功能（创建预约、会议邀请、分享日历）？”选项有“零个”到“超过三个”等。因为“日历”功能下只有三个应用，所以专家要求去掉最后一个选项（“超过三个”），否则会导致错误答案。专家还帮助改变了语句结构，让这些语句更适合本次研究。比如，“激励”下有一个问题是，“使用日历对我来说将提高做更有意义工作的机会。”专家建议，表达这个意思的最好方式应该是，“使用日历是高效自我管理的方式”。很多问题都得到了类似的修改和调整。专家还确保了调查问卷在技术上的严谨性。例如，“使用”

下有一个问题，“对于下列每个日历的小功能，说明你的使用程度。”这个问题包括（a）创建预约、（b）会议邀请和（c）分享日历三个小问题。答案选项包括从不使用（1分）到大量使用三种功能（5分）等多个选择。从技术角度出发，专家建议对问题做出修改，将其拆分为三个不同的问题。将其中一个问题改为“请说明你对创建预约功能（日程安排及追踪日常活动）的使用情况”；第二个问题改为“请说明你对会议邀请功能（邀请参加会议并追踪恢复）的使用情况”；第三个问题改为“请说明你对分享日历功能（允许他人查看你的日历）的使用情况”。答案则是在完全未使用过（1分）到大量使用（5分）之间做出选择。总结下来，使用专家意见的最大优势在于研究方法，使得专家个体能够解释清楚一个现象，说明其所具备的意义。专家会对他们认为重要的问题提出意见。此外，这种方法还能得到用其他方式很难获取的宝贵信息和独到见解。专家的信息来自于他们对相关领域的深入了解，因此，他们能够为后续调查的问卷设计提供高质量的建议。

试点研究

研究工具进行过预先测试，以便确定受访者容易出现理解偏差、跳过或做出不合适回答的问题并对此做出修改。试点研究的目的在于检验研究工具的正当性和可靠性。试点研究的受访者是从实际研究的参与者，即南澳大学四个部门的学术及行政人员以及没有特定部门的工作人员中抽取的。在受访者收到调查问卷后，需要按时完成问卷并返还给研究者。

试点研究是为了核实问卷问题的明确性，解决遣词造句、导向和问题顺序等不可预见的问题。试点研究的答案确定了调查工具的可靠性。受访者的跟踪讨论帮助研究者对受到批评的问题做出调整、进一步明确问题。这种做法的目的，在于显示问题之间的延续性，保证受访者能够合理地理解问题。其他的改善建议也得到了研究者的接受，被纳入研究工具之中。

研究者承担了开发并证明研究工具适于使用、同时保证研究工具的延续性和可靠性的责任。比如说，一些受访者建议，“使用”下的第一个问题，应当将微软 Outlook 写成 Microsoft Outlook，而不是 MS Outlook；不少受访者不能明确地理解“使用”下的第三到第五个问题。根据受访者的建议，第三到第五个问题的答案从没有（1 分）到大量（5 分），应改为完全不使用（1 分）、很少使用（2 分）、经常使用（3 分）、频繁使用（4 分）、大量使用（5 分）。这就让答案变得更加明确。受访者还误解了“使用”下的第七个问题，这个问题也得到了修改，使之变得更简洁、更易于受访者理解。还有受访者提议将最不复杂（1 分）到非常复杂（5 分）这样的评价标准改为完全不使用（1 分）、很少使用（2 分）、经常使用（3 分）、频繁使用（4 分）和大量使用（5 分）。受访者也对句子结构的修改提出了建议，研究者也因此做出了相应调整。比如说，“同事”下本来有“我从朋友那里学到了如何成功使用日历功能”这个说法，最后被修改为“我从朋友那里成功学会了使用日历”。受访者还建议，将“组织”一词改为南澳大学，这样可以进一步明确答案。比如，“使用日历改善了我在组织内的想象”就被改成了“使用日历改善了我在南澳大学的形象”。研究者还删除了一些词语，使得问题在语法角度更能站得住脚。比方说，与其使用“更加越来越多（more increasingly）”这种说法，“更加（more）”这个词最终被研究者删除。类似这样的建议保证研究者能够在进行最终研究前对研究工具做出必要的修改。

5.6 数据收集流程

获取数据的主要方法，是网络在线调查问卷。研究者使用了南澳大学的 TellUs 软件收集在线数据。2006 年 8 月 15 日，调查问卷以“AllStaff@UniSA”的标题发给了全校员工。以邮件形式发送调查问卷的想法，是由校董事会副总裁及负责研究创新的副校长提出的。在这封邮件里，校长简单介绍了本次研究的目的，敦促学校员工完成 5 分钟的调查问卷，为研究做出贡献。为便于访问，邮件中含有调查问卷的链接。点击另一个链接可以查到包括学术伦理信息在内的研究细节，而且点击这个链接可以直接跳转到研究者的个人（员工）主页。其他相关细节，比如研究目的、研究收益以及潜在参与者的权利也都罗列在了研究者主页的信息清单中。一旦参与者完成调查问卷，在最后点击提交，这份完成的调查问卷就会自动存在 TellUs 的系统里，只有研究者才能打开并下载这些问卷。TellUs 系统保证一人只能回答一次问卷。

AllStaff@UniSA 邮件的读者数量相对较少，因为包含大学其他项目和事件基本信息通报，所以这也算不上热门邮件。因此，研究者预计回复率也会维持在相对较低的程度。为了获得必需的样本容量，研究者联系了四个部门的所有行政官员。研究者解释了本次研究的重要意义，要求将调查问卷粘贴在学校员工的电子邮件列表中。这封发给员工的邮件，内容和之前校长发给所有员工的邮件大致相同，其中包含有关研究的简要信息以及要求员工完成 5 分钟调查问卷的请求。邮件中给出了调查问卷链接和有关调查细节的另一个链接。这封邮件是由学校官员发给员工，所以更有个人定制化的特点。学校官员在转发邮件时，会简单介绍研究者和研究项目。一周后，学校员工又收到了一封提醒邮件。这个流程保证了研究能够得到分析数据所需的必要样本容量。整个数据收集流程发生在 2006 年 8 月至 9 月，在此期间，研究者一共收到了 275 份调查问卷。

5.7 数据分析

对数据进行统计分析时，研究者使用的是 SPSS（社会科学统计软件包）。对于研究结果的描述工具，研究者使用了累计百分率。此外，频数分布和百分比也得到了计算。描述性统计勾勒出了使用者的基本情况，百分比统计数据则明确了创新的应用情况。研究者还使用了一些交叉列表，用于调查个体的应用与人口统计学因素的关系，如性别、年龄、学科、职业水平和学历。研究还进行了相关矩阵、内部信度测试及线性检验。

为了对研究提出的模型进行检测，研究者采用了多元回归分析法。多元回归分析是一般线型建模的一种形式，是多变量统计分析的一种工具，可以用来分析单一因变量（标准）与多个自变量（预测）之间的关系（哈尔、安德森、塔萨姆和布莱克，1998）。多元回归分析会考察自变量，为因变量做出预测。而经过加权后的独立变量则说明了各自在预测因变量时的相关贡献。“回归分析中的各加权独立变量会发生变动（即回归方程式或回归模型），这是预测因变量的最好的线性组合。”本次研究包含了10个自变量，回归模型可以表现为以下方程。

$$Y=b0+b1X1+b2X2+b3X3\ldots+b10X10$$

其中，

Y= 因变量；

$b0$= 截距；

$b1$，$b2$，$b3\cdots b10$= 系数；

$X1$，$X2$，$X3\cdots X10$= 自变量。

回归分析是一种客观评估自变量组合预测能力的方式。利用回归分析，还能客观地评价因变量与自变量之间关系的程度和特点（哈尔、安德森、塔萨姆和布莱克，1998；迪尔曼，2005）。在因变量测量的预测中，回归分析确定了每个自变量的相对重要性及关系类型。回归分析还提供了评估每个自变量关系影响力的方法。

在进行这些评估的过程中，每个自变量也确定了各自的重要性。

哈尔、安德森、塔萨姆和布莱克(1998)认为，多元回归分析能够在预测因变量时，让人们更深入地了解了自变量之间的关系。这些相互关系非常重要，因为自变量之间的关系，可能导致某些变量在预测过程中成为多余的因素。评估多重共线性，需要确定共线性程度以及估计系数受到影响的程度。“确定共线性最简单的方法，就是考察独立变量的相关矩阵。高度相关（0.90或更高）是现实共线性的第一个指标。”（哈尔、安德森、塔萨姆和布莱克，1998）

本次研究考察了因变量和自变量之间的线性关系，以此反映因变量变化程度与自变量之间的关系。“相互关系”的概念，建立在线性关系之上，线性则需要依靠残差图进行考量。本次研究选择了一个能够具体确定回归模型且能通过预测因变量的过程中对模型整体的统计显著性进行评估的方法（迪尔曼，2005；哈尔、安德森、塔萨姆和布莱克，1998）。

在回归分析中，研究者采用了一种验证法，借此确定回归方程式中应当包含的自变量（迪尔曼，2005；哈尔、安德森、塔萨姆和布莱克，1998）。本次研究涉及所有10个自变量，而且将这些自变量一次性全部引入回归方程式。本次研究测量了R^2（拟合度），即相关系数，也被称为决定系数。这个数值反映的是由自变量决定的Y（因变量）的总变化量百分比。本次研究检验了概算标准误（SEE），这也是预测准确性的另一个衡量标准。研究还列出了相关系数（r）、各因变量的回归系数（b_n）（在整体预测中为评估各变量的相对重要性提供一种方法）以及部分t值。为了检验模型整体的配适性，本次研究还用到F比值（F ratio）。随着模型估计完成，回归变动去顶，加上诊断性试验确认了结果的适当性，研究者就可找到个体创新应用的方程。此外，回归系数还可以在预测个体应用创新时作为评估各变量相对重要性的一个标准。最后，这个分析表明了个体创新应用中各因素（组织、个体和社会）的相对重要性和贡献。分析结果检验了新模型，通过调查个体创新应用的多种因素，对过去的研究做出了拓展。

研究者还进行了方差分析（ANOVA）测试，以考察员工的人口统计学特征是否会对应用创新产生影响。为了检测人口统计学特征对因变量的影响，很有必要对不同人口统计学因素分类进行考察，检验它们是否对创新应用产生重大影响。这些分类包括性别、年龄、学科、学术及行政人员、全职及兼职员工以及学历。为了发现各种人口统计学因素的重大区别，研究者使用了ANOVA。ANOVA测试结束后，研究者还进行了层次回归分析，从而查看这些人口统计学因素对回归模型的影响，了解人口统计学变量是如何影响个体的创新应用的。

5.8 定性研究

定性研究指的是为了理解社会或人的问题而进行的质询过程，这是“为了构建一个复杂、全面的画面，通过文字自然地报道各种细节信息。”（克莱维尔，1994）定性研究强调的是详细解释在社会生活的自然变化中出现的各种情形。这个方法力图呈现对特定社会和组织问题的最原始解读（纽曼，2000）。和定量研究不同，定性研究一般被认为具有主观性，且更注重非统计性方法，即询问以及对现象的分析。为了对现象做出解释，确认信息来源，定性研究法可以确认不同的模式和主题。本次研究使用“访谈”作为定性研究的方法。访谈是在对定量数据做出分析后进行的，目的是通过对影响个体创新应用的因素更深入的理解，支持并改善对定量调查结果的理解。

访谈

本次研究中使用的定性研究法为深度访谈。深度访谈使得研究者能够深入了解受访者对研究的各种看法。使用访谈的方法，能够使研究者直接与受访者进行互动，从他们那里获取信息。开放式问题使得研究者有机会从受访者处获得更丰富的信息，并由此对研究的问题得出更深刻的理解。

访谈的目的，是调查定量研究中出现的模棱两可和明显存在矛盾的问题。研究者选择了半结构性访谈，还进行了面对面的深度访谈。这种形式具有灵活性，研究者可以重点关注自己认为最重要的问题。受访者有机会对他们的答案做出解释，还可以自由地讨论任何他们想讨论的问题。

研究者采用了效标抽样法来选择受访者，即目的抽样法（克莱维尔，1994；迈尔斯和胡伯曼，1994），以选择符合预先确定标准的受访者。这个标准是：学术部门（四个学术部门）及不在部门的员工，性别（男性和女性），工种（学术和行政人员）。这保证了访谈对象的样本和总体样本的构成大体相同。研究者一共选择了 13 名访谈对象。研究者首先通过电话联系了受访者，随后以邮件的形式邀请受访者参与研究，并在邮件中说明了研究目的。实际访谈开始前，研究者还会征得受访者同意，并签署知情同意书。受访者有权在访谈的任何时候退出。

研究者对访谈过程进行了录音，所有受访者对录音行为做出了许可。所有访谈采用的是非正式谈话风格。每次访谈开始前，研究者先对研究的目的做出简单介绍，同时保证，会按照大学伦理标准对信息进行保密，保证受访者的匿名性。访谈时间一般为 30 ～ 45 分钟。采访内容随后被存入电脑，研究者会在访谈结束后立刻撰写报告。为方便分析，访谈录音也会被转录为文本。

每次访谈开始时，研究者首先会把采访问卷交给受访者，对研究目的做出解释。这份问卷能够帮助访谈双方专注于所要讨论的问题，使得受访者能够成为主要说话人。研究者抱着获得更有深度回答的目的设计访谈问题，以此对定量研究做出补充。

访谈数据分析工具

有不同的方法可以对定型数据进行分析（克莱维尔，1994）。克莱维尔认为，研究者必须乐于开发不同的类别，并做出对比。研究者应当保持开放心态，不排斥对研究结果相反或不一样的解释。迈尔斯和胡伯曼 (1994) 认为，定性数据的分析包含三种同时进行的行为：数据简化、数据展示及做出得到验证的结论。

第一阶段是数据简化。数据简化是一个过程，即挑选、关注、简化、抽象及组织数据，使得研究者可以从中得到最终结论，并得到验证。迈尔斯和胡伯曼 (1994) 及纽曼 (2000) 认为，尽管不同情况下会有不同的特性，但研究者应当关注不同情况下的共同点。

数据分析的第二阶段是数据展示。数据展示是对信息的组织和压缩，以便研究者从中得出结论 (迈尔斯和胡伯曼，1994)。信息展示帮助研究者发现并理解正在发生的事情，让他们知道该去做什么——无论是得出合理结论还是进入分析的下一阶段。

数据分析的第三阶段是得出结论并验证。研究者要在这个阶段决定各个事物的意义——指出规律性、模式、解释、可能的结构、成因及主张 (迈尔斯和胡伯曼，1994)。纽曼表示，“研究者要准确地指出哪些案例符合结论，哪些案例与结论相反。”为了进行验证，数据应当按类划分，为验证结论的正确性，需要对其反复检验。迈尔斯和胡伯曼 (1994) 表示，“对于从数据中得出的结论，必须检验其合理性、稳固性和可验证性，即正当性。”为了完成本次研究，研究者致力于从参与者的观点中确定并描述出模式及主题，而后力图理解并解释这些模式和主题。通过思考数据分析的意义、评估其对研究问题的影响，做出分析结论。验证环节也通过多次复查数据、再三核对结论的形式得以完成。

5.9　结论

本章说明了本次研究中使用的研究方法、研究设计以及选择多方法论的基本原理。回顾相关文献、开发出高级模型后，研究者也开发出了一个多步骤的方法。本次研究使用了“调查”这一定量研究法作为收集数据的主要方式，具体形式为网络在线调查问卷。这一定量研究希望验证影响个体创新应用的大量因素，检验本次研究开发出的创新应用高级模型。研究使用了南澳大学的 TellUs 系统在线收集匿名数据。实际调研开始前，研究者先对研究工具进行了检测。数据分析使用的是社会科学统计软件包（SPSS），使用了描述性分析、频数、交叉表、相互关系、多元回归和方差分析法等方法分析完调查问卷的数据后，研究者还进行了一系列访谈，这些定性数据使得研究的内涵得到了进一步扩展。本章还解释了访谈数据分析工具。增加访谈的原因在于其能提供额外信息，为本次研究提出的高级模型提供了定性研究证据。下一章将对定量数据进行分析和讨论。

第6章 组织、个体和社会因素的影响

6.1 引言

本章旨在对从组织内员工处收集的数据进行系统化分析。通过对调查问卷收集的数据进行统计学分析，研究者对创新应用高级模型（AMIA）进行了检验。统计测试支持了将个体创新应用问题融入完整模型的想法。本章还将讨论影响员工应用创新的因素以及人口统计学特征对员工使用创新的作用。本章最后还会讨论定量结果可能产生的影响。

为了向读者清晰展现研究结果，本章共划分为13个部分。6.1是引言；6.2介绍受访者的人口统计特征概况；6.3分析了受访者使用微软Outlook的情况；6.4是一个根据受访者人口统计学特征制作的使用程度交叉表；

6.5 写明了各变量之间的相互关系；6.6 提供了有关研究工具可靠性和正当性的信息；6.7 描述了作为因变量的回归分析；6.8 介绍了 ANOVA（方差分析）；6.9 是在人口统计学因素作用下的层次回归分析；6.10 则描述了作为因变量的回归分析；6.11 讨论了定量研究的结果；6.12 分析了定量研究结果的影响；6.13 则是结论。

6.2 人口统计学数据分析

这一部分对人口统计学数据进行了分析，以频率表形式，对一个人群或样本的描述性统计数据进行了解释。描述性数据是组织内员工创新应用的重要信息来源。为了明确在接受创新的过程中受访者的基本人格特征，本次研究详细阐释了受访者的人格特征描述。根据调查问卷中收集到的人口统计学数据，我们可以了解到受访者的个人及组织性特征信息。表 6-1 总结了受访者的人口统计学特征，其中包括性别、年龄、部门、工种（学术和行政）、职位（全职和兼职）以及学历。

受访者中，男性占 36%，女性占 64%。这反映了南澳大学员工的基本性别状态，南澳大学女性员工的总数也多于男性员工。全校员工中有 19% 属于 20 ～ 30 岁年龄组，有 20% 属于 31 ～ 40 岁年龄组。

表 6-1　受访者的人口统计信息

特征		数量	百分比
性别	男性	100	36.4
	女性	175	63.6
年龄	20 ～ 30	53	19.3
	31 ～ 40	56	20.4
	41 ～ 50	86	31.3
	51 ～ 60	67	24.4
	61 及以上	13	4.7
部门	商学院	66	24.0
	教育、艺术与社会科学学院	69	25.1
	健康科学学院	71	25.8
	IT、工程及环境学院	32	11.6
	不在以上部门	37	13.5
工种	学术人员	177	64.4
	专业（行政）人员	94	34.2
	信息缺失	4	1.5
职位信息	全职	213	77.5
	兼职	61	22.2
	信息缺失	1	0.4
学历	PhD 或其他博士学位	86	31.3
	硕士学位	56	20.4
	获得毕业文凭	29	10.5
	学士学位	60	21.8
	本科肄业	16	5.8
	信息缺失	28	10.2
总数		**275**	

受访者中有31%出自41～50岁年龄组，51～60岁年龄组所占比例为24%，61岁以上年龄组只占受访总数的5%。24%的受访者来自商学院，25%来自教育、艺术和社会科学学院，健康科学学院的员工占据受访者的26%，而IT、工程和环境学院的受访者占总人数的12%。另有13%的受访者没有标明自己的所属部门。

受访者中的大多数为学术人员（65%），只有35%为专业（行政）人员。接近78%的受访者为全职员工，只有22%的受访者是兼职员工。调查结果显示，31%的受访者拥有博士学位，20%拥有硕士学位；11%受访者获得毕业文凭，而22%的受访者拥有学术学位，有6%的受访者属于本科肄业。上述信息表明，受访者中的大多数为中年人，不少人接受过高等教育，学术人员及全职员工偏多。研究者进行了卡方检验（模型对数据的反映程度）拟合优度测试，分析结果表明，样本能够从性别及学术部门角度反映研究对象群体的特点。研究这些受访者对创新的接纳和使用程度时，这些信息可能具有重要意义。

6.3 员工使用“日历”功能的程度

6.3和6.4提供了按照人口统计学特征分类的使用程度描述性统计数据，6.5将进行数据分析和结果解读（变量之间的内部相关性）。

这一部分展示的是受访者微软 Outlook“日历”功能的使用程度。每个项目以员工的使用频率、花费时间、接触的不同功能以及使用的应用数量等变量对数据做出验证。表 6-2 ~ 表 6-8 对从受访者处获得的数据进行了汇总。这些表格表明选择“日历”功能是正确的。受访者的使用情况差别很大，既有完全不用的人，也有经常使用的人。

使用“日历”功能从事与工作有关行为的频率

13% 的受访者每月使用次数为一次或更少，8% 的受访者一个月数次使用该功能，只有 9% 的受访者每周数次使用“日历”功能，14% 的受访者大约每天使用一次，56% 的受访者每天多次使用。这些数据表明了他们对创新的熟悉程度和使用程度。相关数据如表 6-2 所示。

表 6-2　使用“日历”功能从事与工作有关行为的频率

使用频率	数量	百分比
每月一次或更少	36	13.1
一个月数次	22	8.0
一周数次	25	9.1
约每天一次	39	14.2
每天数次	153	55.6
总数	**275**	**100.0**

每周使用“日历”功能从事与工作相关行为的平均时间

表 6-3 显示的是受访者每周使用“日历”功能的平均时间。受访者似

乎属于“日历”功能的中型用户。平均每周使用时间表明，38% 的受访者一周使用时间不到半小时，26% 的受访者每周使用半小时到一小时，18% 的受访者每周使用一到两小时，9% 的受访者每周使用两到三小时，只有10% 的人每周使用时间超过三小时。每周使用时间超过三小时的受访者很有可能是行政人员，他们需要经常、不断地安排预约和会议。

表 6-3 每周使用“日历”的平均时间

使用“日历”的时间	数量	百分比
不到半小时	104	37.8
半小时到一小时	70	25.5
一到两小时	50	18.2
两到三小时	24	8.7
三小时以上	26	9.5
总数	274	99.6
信息缺失	1	0.4
总数	**275**	**100.0**

“创建预约（日程安排及追踪日常活动）”的使用程度

受访者对“日历”功能下“创建预约”使用程度的回答显示，17% 的受访者没有使用过这个功能，15% 的人很少使用这个功能，22% 的受访者表示他们会定期使用这个功能，25% 的人表示他们会频繁使用这个功能，而 21% 的人表示他们会大量使用这个功能。很多受访者表示，他们对“日历”的这个功能并不熟悉。表 6-4 显示了“创建预约（日程安排及追踪日常活动）”功能使用程度的数据。

表 6-4 “创建预约”的使用程度

“创建预约”的使用	数量	百分比
完全不用	47	17.1
很少使用	41	14.9
定期使用	61	22.2
频繁使用	68	24.7
大量使用	58	21.1
总数	**275**	**100.0**

“会议邀请（邀请参加会议并追踪回复）”的使用程度

“会议邀请”功能的使用数据表明，只有 13% 的受访者大量使用这一功能，有 17% 的受访者频繁使用该功能，28% 的受访者会定期使用这个功能，20% 的受访者很少使用这个功能，还有 22% 的受访者完全没有用过这个功能。这些数据表明，进行调查时，有大量（22%）受访者并未使用这个功能。仅这个数据就能反映员工对创新中某个特定功能应用水平不足的现实。表 6-5 中为相关数据。

表 6-5 “会议邀请”的使用程度

“会议邀请”的使用	数量	百分比
完全不用	60	21.8
很少使用	54	19.6
定期使用	77	28.0
频繁使用	47	17.1
大量使用	35	12.7
总数	273	99.3
信息缺失	2	0.7
总数	**275**	**100.0**

“分享日历（允许他人查看日历）”的使用程度

表 6-6 中的数据显示，36% 的受访者表示他们从来没用过“分享日历”功能，21% 的受访者表示他们很少使用这个功能，18% 的受访者会定期使用“分享日历”功能，11% 的受访者会频繁使用该功能，12% 的人会大量使用这个功能。上述信息证实了研究者对研究课题的选择具有代表性，反映了“日历”不同功能使用的不同程度。很多人仍未接受这个系统，也有人只是偶尔使用这个系统。

表 6-6 “分享日历”的使用程度

“分享日历”的使用	数量	百分比
完全不用	100	36.4
很少使用	58	21.1
定期使用	50	18.2
频繁使用	31	11.3
大量使用	34	12.4
总数	273	99.3
信息缺失	2	0.7
总数	**275**	**100.0**

接触或使用过的不同“日历”应用（创建预约、会议邀请、分享日历）的数量

在调查问卷中有关接触或使用过的不同“日历”应用（比如创新预约、会议邀请和分享日历）数量的问题中，数据显示，多数受访者（55%）使

用过三种功能，23%的受访者表示他们用过两种功能，只使用过一种功能的人为11%，还有10%的人没有使用过任何一种功能。这种使用水平反映了人们对系统使用更偏重“官方”功能的态度，这些信息也证明这些受访者是“日历”应用调研的合适调查对象。不过，有相当一部分员工，除了微软Outlook的核心功能（即电子邮件）外，没有使用过任何其他“日历”功能。如表6-7所示。

表6-7　接触过使用过的不同“日历”应用的数量

不同“日历”应用数量	数量	百分比
零	28	10.2
一个功能	30	10.9
两个功能	64	23.3
三个功能	151	54.9
总数	273	99.3
信息缺失	2	0.7
总数	**275**	**100.0**

“日历”复杂元素的使用（多次预约、分享与允许、导入/导出到其他软件等）

表6-8显示，23%的受访者没有使用过多次预约、分享与允许、导入/导出到其他软件等复杂的“日历”功能；26%的受访者很少使用这些功能，29%的受访者会定期使用这些复杂功能，17%的受访者会频繁使用上述功能，少数（6%）受访者表示他们会大量使用这些复杂功能。这个结果显示，有近1/4的员工从来没用过或者不知道如何使用“日历”的复杂功能。

表 6-8 日历复杂功能的使用（多次预约，分享与允许、导入 / 到处到其他软件等）

不同日历应用的数量	数量	百分比
零	28	10.2
一个功能	30	10.9
两个功能	64	23.3
三个功能	151	54.9
总数	273	99.3
信息缺失	2	0.7
总数	**275**	**100.0**

6.4 根据受访人口统计特征制作的使用程度交叉表

这一部分提供了一份测量使用程度的交叉表，其中涉及的因素分别包括使用次数、使用时间、使用的不同应用、应用数量以及受访者人口统计学特征，如性别、年龄、部门、工种、职位状态和学历。表 6-9 ~ 表 6-24 总结了相关的受访者数据。

按性别区分的日历使用频率

如表 6-9 所示，17% 的男性受访者表示他们一天内会多次使用日历功能，39% 的女性受访者表示她们会在一天内多次使用日历功能，4% 的男性和 6% 的女性受访者表示他们会在一周内数次使用日历功能，6% 的男性受访者和 7% 的女性受访者表示一个月使用日历功能的次数为一次或更少。研究数据表明，女性对日历功能的使用比男性更为频繁。图 6-1 显示的就是按性别区分的使用程度。

表 6-9　按性别区分的“日历”使用频率

		使用“日历”的频率					总数
性别	数量 占总数百分比	一个月一次或更少	一个月数次	一周数次	约每天一次	一天数次	
男性	数量 占总数百分比	17 6.2%	10 3.6%	10 3.6%	16 5.8%	47 17.1%	100 36.4%
女性	数量 占总数百分比	19 6.9%	12 4.4%	15 5.5%	23 8.4%	105 38.5%	175 63.6%
总数	**数量** **占总数百分比**	**36** **13.1%**	**22** **8.0%**	**25** **9.1%**	**39** **14.2%**	**153** **55.6%**	**275** **100.0%**

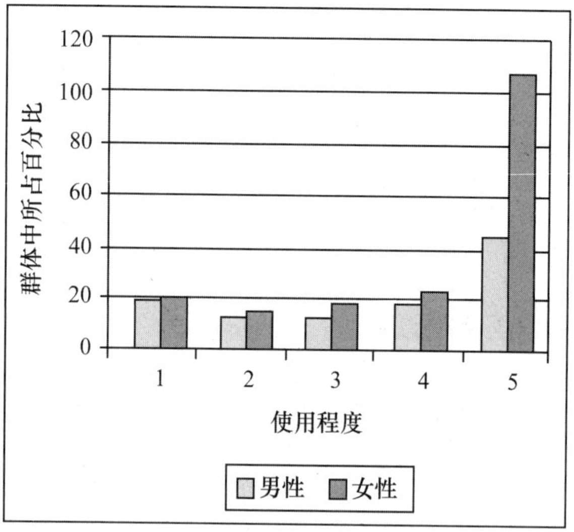

图 6-1　按性别区分的使用程度

按性别区分，平均每周使用“日历”从事与工作有关行为的平均时间

近21%的女性受访者和17%的男性受访者平均每周使用“日历”的时间不超过半小时。这个信息有着非常重要的意义，因为尽管目前的使用率仍然处在较低的水平上，但仍然存在未来有更多人使用“日历”功能的可能性。数据显示，只有3%的男性受访者和7%的女性受访者平均每周使用“日历”的时间超过三小时。表6-10所示就是男性和女性平均每周使用“日历”功能的时间。

表6-10 按性别区分，平均每周使用“日历”从事与工作有关行为的平均时间

		平均每周使用“日历”的时间					总数
性别		不到半小时	半小时到一小时	一到两小时	两到三小时	三小时以上	
男性	数量 占总数百分比	47 17.2%	28 10.2%	10 3.6%	8 2.9%	7 2.6%	100 36.5%
女性	数量 占总数百分比	57 20.8%	42 15.3%	40 14.6%	16 5.8%	19 6.9%	174 63.5%
总数	**数量** **占总数百分比**	**104** **38.0%**	**70** **25.5%**	**50** **18.2%**	**24** **8.8%**	**26** **9.5%**	**274** **100.0%**

按性别区分，不同“日历”功能的使用数量

如表6-11所示，女性受访者中，使用了“日历”的三种功能，14%使用了两种功能，6%只使用过一种功能。在男性受访者中，17%使用了三种功能，9%使用了两种功能，5%只使用过一种功能。相比男性员工，女性员工会更多地应用创新。图6-2所示为不同性别的受访使用日历功能的情况。

表 6-11　按性别区分，不同“日历”功能的使用数量

		不同功能的使用情况				总数
性别		零	一个功能	两个功能	三个功能	
男性	数量	15	14	25	45	99
	占总数百分比	5.5%	5.1%	9.2%	16.5%	36.3%
女性	数量	13	16	39	106	174
	占总数百分比	4.8%	5.9%	14.3%	38.8%	63.7%
总数	**数量**	**28**	**30**	**64**	**151**	**273**
	占总数百分比	**10.3%**	**11.0%**	**23.4%**	**55.3%**	**100%**

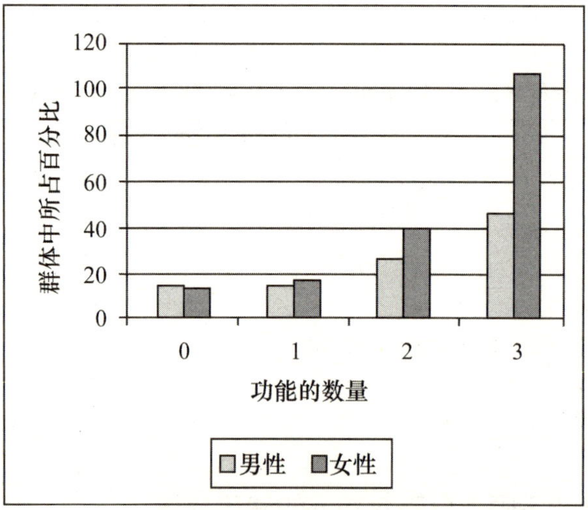

图 6-2　不同性别的受访者使用“日历”功能的情况

按性别区分，“日历”复杂功能的使用情况

当受访者被要求指明是否以及在多大程度上使用“日历”的复杂功能时，12% 的女性受访者和 11% 的男性受访者表示他们完全没有过使用经

历，17% 的女性受访者和 9% 的男性受访者表示他们很少使用复杂功能，只有 2% 的男性受访者和 4% 的女性受访者表示他们会大量使用复杂功能。这个结果证实了大多数员工并未开发复杂功能的现实，组织未来也需要继续改善，提供更好的服务，提供更多的培训。表 6-12 显示了受访者的相关数据。

表 6-12　按性别区分，“日历”复杂功能的使用情况

		“日历”复杂功能的使用					总数
性别		完全不用	很少使用	定期使用	频繁使用	大量使用	
男性	数量 占总数百分比	29 10.5%	24 8.7%	29 10.5%	13 4.7%	5 1.8%	100 36.4%
女性	数量 占总数百分比	33 12.0%	47 17.1%	51 18.5%	33 12.0%	11 4.0%	175 63.6%
总数	**数量** **占总数百分比**	**62** **22.5%**	**71** **25.8%**	**80** **29.1%**	**46** **16.7%**	**16** **5.8%**	**275** **100.0%**

按部门区分的日历使用频率

表 6-13 中的数据表明，健康科学部门中有 16% 的受访者会在一天内数次使用日历，而商业部门中有 11% 的受访者及 11% 不在下述四个部门的受访者表示，他们会在一天内数次使用日历功能。与此类似，教育、艺术和社会科学部门中 10% 的受访者和 IT、工程与环境部门 7% 的受访者表示他们每天或多次用到日历功能。这些数据显示，健康科学部门的受访者使用“日历”功能的频率最高。

表 6-13　按部门区分的“日历”使用频率

“日历”的使用频率							总数
部门		一月一次或更少	一月数次	一周数次	约一天一次	一天数次	
商业	数量 占总数百分比	9 3.3%	10 3.6%	7 2.5%	9 3.3%	31 11.3%	68 24.0%
教育、艺术与社会科学	数量 占总数百分比	19 6.9%	5 1.8%	7 2.5%	10 3.6%	28 10.2%	69 25.1%
健康科学	数量 占总数百分比	4 1.5%	5 1.8%	6 2.2%	12 4.4%	44 16.0%	71 25.8%
IT、工程与环境	数量 占总数百分比	3 1.1%	2 0.7%	3 1.1%	5 1.8%	19 6.9%	32 11.6%
不在上述部门	数量 占总数百分比	1 0.4%	0 0.0%	2 0.7%	3 1.1%	31 11.3%	37 13.5%
总数	**数量 占总数百分比**	**36 13.1%**	**22 8.0%**	**25 9.1%**	**39 14.2%**	**153 55.6%**	**275 100.0%**

按部门区分，平均每周使用“日历”从事与工作有关行为的平均时间

数据表明，健康科学部门有 8% 的受访者平均每周使用“日历”的时间为半小时到一小时，排在第二的是商业（6%），后面分别是教育、艺术与社会科学（5%）、不在前述四个部门的受访者（4%）和 IT、工程与环境学院（3%）。在前述四个学院之外，只有 1% 的受访者平均每周使用“日历”的时间不超过半小时（见表格 6-14）。数据显示，四个学院以外的员工会在“日历”上花费更多时间，因为这些人大多数属于行政人员，他们对“日历”功能的使用频率一般高于学术人员。

表 6-14 按部门划分，平均每周使用“日历”从事与工作有关行为的平均时间

		平均每周使用“日历”的时间					总数
部门		不到半小时	半小时到一小时	一到两小时	两到三小时	超过三小时	
商业	数量 占总数百分比	30 10.9%	16 5.8%	9 3.3%	6 2.2%	4 1.5%	65 23.7%
教育、艺术与社会科学	数量 占总数百分比	36 13.1%	14 5.1%	11 4.0%	4 1.5%	4 1.5%	69 25.2%
健康科学	数量 占总数百分比	23 8.4%	21 7.7%	13 4.7%	6 2.2%	8 2.9%	71 25.9%
IT、工程与环境	数量 占总数百分比	12 4.4%	7 2.6%	7 2.6%	1 0.4%	5 1.8%	32 11.7%
不在上述部门	数量 占总数百分比	3 1.1%	12 4.4%	10 3.6%	7 2.6%	5 1.8%	37 13.5%
总数	**数量** 占总数百分比	**104** **38.0%**	**70** **25.5%**	**50** **18.2%**	**24** **8.8%**	**26** **9.5%**	**274** **100.0%**

按部门区分，不同“日历”功能的使用情况

调研结果显示，商业部门中有近 12% 的受访者使用过三个功能，5% 使用过两个功能，另有 4% 只使用过一个功能。健康科学部门中有 14% 的受访者使用过三个功能，8% 使用过两个功能，2% 使用过一个功能。不在前述四个部门的受访者中，有 11% 的受访者使用过三个功能。教育、艺术和社会科学部门有 10%，IT、工程与环境部门有 8% 的受访者也使用过三个功能。数据显示，只有很少一部分受访者未使用过或者只使用过“日历”的一种功能。这些结果表明，健康科学部门使用三个功能的比例最高，排

在后面的依次为商业部门，四个部门以外的员工，教育、艺术与社会科学和 IT、工程与环境部门。表 6-15 显示的就是按照部门区分的“日历”不同功能的使用情况。

表 6-15　按部门区分，不同“日历”功能的使用情况

		不同功能的使用情况				总数
部门		零	一个功能	两个功能	三个功能	
商业	数量 占总数百分比	8 2.9%	12 4.4%	13 4.8%	32 11.7%	65 23.8%
教育、艺术与社会科学	数量 占总数百分比	13 4.8%	7 2.6%	21 7.7%	28 10.3%	69 25.3%
健康科学	数量 占总数百分比	4 1.5%	6 2.2%	21 7.7%	39 14.3%	70 25.6%
IT、工程与环境	数量 占总数百分比	3 1.1%	4 1.1%	5 1.8%	21 7.7%	32 11.7%
不在上述部门	数量 占总数百分比	0 0.0%	2 0.7%	4 1.5%	31 11.4%	37 13.6%
总数	**数量 占总数百分比**	**28 10.3%**	**30 11.0%**	**64 23.4%**	**151 55.3%**	**273 100.0%**

按部门区分，“日历”复杂功能的使用情况

教育、艺术和社会科学部门中 8% 的受访者以及商业部门中 7% 的受访者表示，他们从未使用过“日历”复杂功能。健康科学部门 4% 的受访者和 IT、工程与环境部门 3% 的受访者表示他们从未使用过复杂功能（见表 6-16）。这些数据表明，IT 部门的员工使用复杂功能的程度优于教育、艺术

和社会科学部门的员工，后者对“日历”复杂功能的熟悉程度很可能处在比较低的水平。健康科学部门只有8%的受访者、商业部门中只有7%的受访者表示他们很少使用这些功能。数据显示，教育、艺术和社会科学部门中6%的受访者，四个部门外有3%的受访者，IT、工程与环境部门2%的受访者表示他们很少使用复杂功能。健康科学、IT、工程与环境四个部门以外的员工，分别有1%的受访者表示他们会大量使用复杂功能，而教育、艺术和社会科学部门中只有不到1%的受访者表示他们会大量使用复杂功能。这些数据表明，某些部门的员工很可能不知道该如何使用“日历”的高级功能。

表6-16　按部门区分，“日历”复杂功能的使用情况

		“日历”复杂功能的使用					总数
部门		完全不用	很少使用	定期使用	频繁使用	大量使用	
商业部门	数量 占总数百分比	20 7.3%	19 6.9%	16 5.8%	9 3.3%	2 0.7%	66 24.0%
教育、艺术与社会科学	数量 占总数百分比	23 8.4%	16 5.8%	18 6.5%	10 3.6%	2 0.7%	69 25.1%
健康科学	数量 占总数百分比	12 4.4%	21 7.6%	25 9.1%	9 3.3%	4 1.5%	71 25.8%
IT、工程与环境	数量 占总数百分比	7 2.5%	6 2.2%	6 2.2%	9 3.3%	4 1.5%	32 11.6%
不在上述部门	数量 占总数百分比	0 0.0%	9 3.3%	15 5.5%	9 3.3%	4 1.5%	37 13.5%
总数	**数量** **占总数百分比**	**62** **22.5%**	**71** **25.8%**	**80** **29.1%**	**46** **16.7%**	**16** **5.8%**	**275** **100.0%**

学术及专业人员的“日历”使用频率

如表 6-17 所示，12% 的学术受访者表示他们每月使用“日历”的次数为一次或更少。与此形成对比的是，不到 1% 的专业受访者表示他们每月使用“日历”的次数是一次或更少。调查结果显示，无论是学术还是行政人员，两个群体都有 28% 的受访者表示他们会一天内多次使用到“日历”功能。这些数据表明，学术和行政人员对日历的使用都处在中等水平。不过，还有数据显示，一些学术人员的使用频率低于行政人员。这种现象应当与工作要求及调查进行的时间有关，因为相比行政人员，学术人员每学期的休息时间更长。图 6-3 显示的就是学术及专业人员对“日历”功能的使用情况。

表 6-17 学术及专业人员的“日历”使用频率

		“日历”的使用频率					总数
工种		一月一次或更少	一月数次	一周数次	约一天一次	一天数次	
学术人员	数量 占总数百分比	34 12.5%	21 7.7%	20 7.4%	26 9.6%	76 28.0%	177 65.3%
专业人员	数量 占总数百分比	1 0.4%	1 0.4%	4 1.5%	12 4.4%	76 28.0%	94 34.7%
总数	**数量 占总数百分比**	**35 12.9%**	**22 8.1%**	**24 8.9%**	**38 14.0%**	**152 56.1%**	**271 100.0%**

学术及专业人员平均每周使用"日历"从事与工作有关行为的时间

如表 6-18 所示，受访者中约 1/3（33%）的学术人员平均每周使用"日历"的时间不超过半小时，只有 5% 的专业人员平均每周使用"日历"的时间不超过半小时。有 4% 的学术人员和 5% 的专业人员平均每周使用"日历"的时间超过三小时。约 8% 的学术人员和约 11% 的专业人员平均每周使用"日历"的时间为一到两小时。行政人员使用"日历"的时间比学术人员多这个现象，并不难理解。

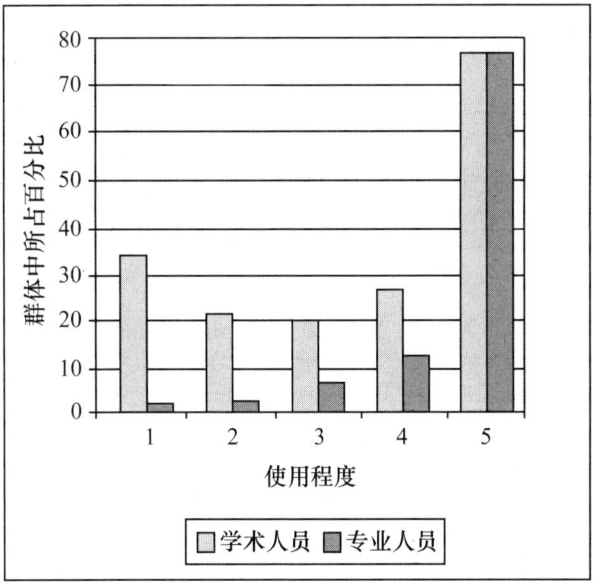

图 6-3　学术及专业人员的使用程度

表 6-18　学术及专业人员平均每周使用“日历”从事与工作有关行为的时间

		平均每周使用“日历”的时间					总数
工种		不到半小时	半小时到一小时	一到两小时	两到三小时	超过三小时	
学术人员	数量	88	44	21	12	12	177
	占总数百分比	32.6%	16.3%	7.8%	4.4%	4.4%	65.6%
专业人员	数量	14	25	29	11	14	93
	占总数百分比	5.2%	9.3%	10.7%	4.1%	5.2%	34.4%
总数	**数量**	**102**	**69**	**50**	**23**	**26**	**270**
	占总数百分比	**37.8%**	**25.6%**	**18.5%**	**8.5%**	**9.6%**	**100.0%**

学术及专业人员不同“日历”功能的使用情况

表 6-19 中的数据显示，行政受访者有 29%、学术受访者有 27% 使用过“日历”的三个功能；学术人员中有 10% 使用过一个功能，有 18% 使用过两个功能；行政人员中只有不到 1% 使用过一种功能，6% 使用过两种功能。调查结果表明，相比学术人员，行政人员会使用更多种类的“日历”功能。图 6-4 显示了使用功能数量方面学术人员和行政人员的不同。

表 6-19　学术及专业人员不同“日历”功能的使用情况

		不同功能的使用情况				总数
工种		零	一个功能	两个功能	三个功能	
学术人员	数量	27	28	48	72	175
	占总数百分比	10.0%	10.4%	178.8%	26.8%	65.1%
专业人员	数量	0	1	16	77	94
	占总数百分比	0.0%	0.4%	5.9%	28.6%	34.9%
总数	**数量**	**27**	**29**	**64**	**149**	**269**
	占总数百分比	**10.0%**	**10.8%**	**23.8%**	**55.4%**	**100.0%**

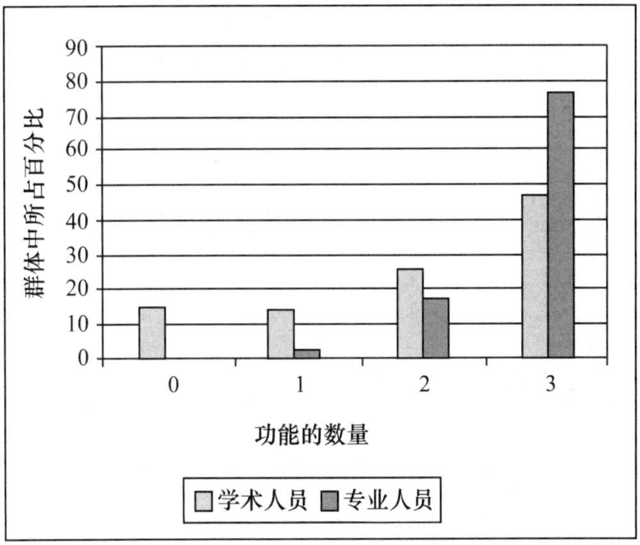

图 6-4　学术及专业人员使用的功能数量

学术及专业人员对“日历”复杂功能的使用情况

当受访者被要求说明他们是否以及在多大程度上使用“日历”的复杂功能时，有 21% 的学术人员表示他们完全没用过复杂功能，但仅有 1% 的专业人员做出了相同的回答。表 6-20 中的数据显示，6% 的学术人员和 11% 的专业人员会频繁使用复杂功能。仅有 4% 的学术人员和 2% 的专业人员会大量使用复杂功能。这些结果表明，不少学术人员很少使用复杂功能，而专业人员则会较频繁地使用这些功能，但专业人员中大量使用复杂功能的人数也不多（2%）。

表 6-20　学术及专业人员对“日历”复杂功能的使用情况

		“日历”复杂功能的使用					总数
工种		完全不用	很少使用	定期使用	频繁使用	大量使用	
学术人员	数量 占总数百分比	56 20.7%	48 17.7%	46 17.0%	17 6.3%	10 3.7%	177 65.3%
专业人员	数量 占总数百分比	4 1.5%	22 8.1%	33 12.2%	29 10.7%	6 2.2%	94 34.7%
总数	数量 占总数百分比	**60** **22.1%**	**70** **25.8%**	**79** **29.2%**	**46** **17.0%**	**16** **5.9%**	**271** **100.0%**

全职与兼职员工使用“日历”的频率

在受访者中，接近半数（49%）全职员工表示他们会在一天内多次使用“日历”功能，但只有 7% 的兼职员工表示会在一天内多次使用“日历”功能。数据显示，11% 的全职员工和 3% 的兼职员工表示他们每天使用“日历”功能的次数大约为一次。调研结果还表明，7% 的全职员工和 6% 的兼职员工一个月使用“日历”的次数为一次或更少。这个数据表明，相比兼职员工，全职员工对工作的投入度更高，对“日历”的使用率也更高，而兼职员工的工作义务较少。表 6-21 显示了全职员工和兼职员工的“日历”使用频率。

表 6-21　全职与兼职员工使用“日历”的频率

		“日历”的使用频率					总数
雇佣状态		一月一次或更少	一月数次	一周数次	约一天一次	一天数次	
全职	数量 占总数百分比	19 6.9%	10 3.6%	19 6.9%	31 11.3%	134 48.9%	213 77.7%

（续表）

		"日历"的使用频率					总数
兼职	数量 占总数百分比	16 5.8%	12 4.4%	6 2.2%	8 2.9%	19 6.9%	61 22.3%
总数	**数量** **占总数百分比**	**35** **12.8%**	**22** **8.0%**	**25** **9.1%**	**39** **14.2%**	**153** **55.9%**	**274** **100.0%**

全职与兼职员工平均每周使用"日历"从事与工作有关行为的时间

为了评估雇佣状态对使用情况的影响，受访者需要回答他们平均每周使用"日历"从事与工作有关行为的时间。有趣的是，15.8% 的全职员工表示他们每周使用日历从事与工作有关行为的时间为一到两小时，仅有 2.6% 的兼职员工表示他们一周使用"日历"从事与工作相关行为的时间为一到两小时。19.4% 的全职员工和 6.2% 的兼职员工每周使用"日历"从事与工作有关行为的时间为半小时到一小时。表 6-22 中的数据显示，全职员工使用"日历"的时间更多。

表 6-22　全职与兼职员工平均每周使用"日历"从事与工作有关行为的时间

		平均每周使用"日历"的时间					总数
雇佣状态		不到半小时	半小时到一小时	一到两小时	两到三小时	超过三小时	
全职	数量 占总数百分比	69 25.3%	53 19.4%	43 15.8%	23 8.1%	25 9.2%	212 77.7%
兼职	数量 占总数百分比	34 12.5%	17 6.2%	7 2.6%	2 0.7%	1 0.4%	61 22.3%
总数	**数量** **占总数百分比**	**103** **37.7%**	**70** **25.6%**	**50** **18.3%**	**24** **8.8%**	**26** **9.5%**	**273** **100.0%**

全职与兼职员工不同“日历”功能的使用情况

研究结果表明，有 50% 的全职员工使用了“日历”的三种功能，而与此相对，只有 6% 的兼职员工使用过三种功能。有 16% 的全职员工使用过两种功能，6% 的全职员工使用过一种功能。而兼职员工中使用过两种功能的为 7%，使用过一种功能的为 5%。数据显示，相比兼职员工，全职员工使用的“日历”功能更多。表 6-23 展示了受访者的相关数据。

表 6-23　全职与兼职员工不同“日历”功能的使用情况

		不同功能的使用				总数
雇佣状态		零	一个功能	两个功能	三个功能	
全职	数量 占总数百分比	16 5.9%	16 5.9%	44 16.2%	136 50.0%	212 77.9%
兼职	数量 占总数百分比	11 4.0%	14 5.1%	20 7.4%	15 5.5%	60 22.1%
总数	**数量** 占总数百分比	**27** **9.9%**	**30** **11.0%**	**64** **23.5%**	**151** **55.5%**	**272** **100.0%**

全职与兼职员工对“日历”复杂功能的使用情况

在是否以及多大程度上使用“日历”复杂功能的问题上，19% 的全职员工和近 7% 的兼职员工表示他们很少使用“日历”中的复杂功能。调查结果显示，有 25% 的全职员工和 4% 的兼职员工定期使用复杂功能。仅有 5% 的全职员工和 1% 的兼职员工大量使用复杂功能（见表 6-24）。数据表明，全职员工比兼职员工更多地使用了“日历”的复杂功能。

表 6-24　全职与兼职员工对“日历”复杂功能的使用情况

		“日历”复杂功能的使用					总数
雇佣状态		完全不用	很少使用	定期使用	频繁使用	大量使用	
全职	数量 占总数百分比	37 13.5%	52 19.0%	68 24.8%	43 15.7%	13 4.7%	213 77.7%
兼职	数量 占总数百分比	24 8.8%	19 6.9%	12 4.4%	3 1.1%	3 1.1%	61 22.3%
总数	**数量** **占总数百分比**	**61** **22.3%**	**71** **25.9%**	**80** **29.2%**	**46** **16.8%**	**16** **5.8%**	**274** **100.0%**

6.5　研究所涉变量之间的相互关系

本次调研的目的在于确定高级模型中两个或更多变量之间的关系。相互关系是变量之间现行关系的一种衡量方法。研究者采用了皮尔森相关系数（Pearson correlation）分析（衡量两个变量间关系的强弱），以发掘研究所涉变量之间的关系。所有变量之间的相互关系在表 6-25 中得到了体现。变量间的皮尔森相关系数为显著的 0.01。利用皮尔森相关系数分析，相关矩阵表显示，因变量和自变量之间存在显著的正相关。我们从表格中可以看出，软件的使用与三个组织因素存在显著的正相关关系，即培训（$r=0.196$，$p<0.01$）、管理层支持（$r=0.475$，$p<0.01$）、激励（$r=0.624$，$p<0.01$）。数据还显示，应用或使用的程度也与五个个体因素存在显著的正相关，即认知有用性（$r=0.658$，$p<0.01$），个人创新（$r=0.331$，$p<0.01$），过往经验（$r=0.279$，

$p<0.01$），形象（$r=0.528$，$p<0.01$）及创新的愉悦程度（$r=0.546$，$p<0.01$）。数据分析也证明，“日历”的使用情况与两个社会因素之间存在显著的正相关关系，即同事（$r=0.215$，$p<0.01$）和社交网络（$r=0.367$，$p<0.01$）。表6-25显示了因变量和自变量的相互关系，r值分别在0.196～0.658，加上所有变量之间r值处于0.053～0.809，说明各变量间不存在多重共线性关系。“确定共线性最简单、最明显的方法，就是对自变量的相关矩阵进行检验，高度相关性的存在（一般达到0.9或更高）则是事实上具有共线性的第一个指标。”（哈尔、安德森、塔萨姆和布莱克，1998）

使用情况与其他变量之间的关系

线性关系的检测，建立在对关联相互关系衡量的基础之上。相互关系代表着变量之间的线性关联。为了确定是否存在可能对相互关系产生影响的线性偏差，考察所有变量间的关系就变得至关重要。评估线性关系的最常见的方法，就是考察变量的散点图，确定数据中的任何非线性模式。散点图显示，因变量和自变量间存在线性关系。图6-5显示，以下因素之间存在明显的线性关系：①使用与管理层支持；②使用与激励；③使用与认知有用性；④使用与形象；⑤使用与创新的愉悦程度。不过，使用与培训、使用与个人创新、使用与过往经验、使用与同事以及使用与社交网络之间的关系并不明确。尽管线性关系在某些情况下并不非常明确，但我们也找不到支持非线性关系的证据。表6-25展示出了关系的强度。使用和态度之间也存在着强烈的线性关系，即员工个体的创新应用程度也会受到他们对接纳创新和使用创新的态度的影响。

6.6 工具的可靠性与正当性

为了确保工具的内部一致性，研究者进行了可靠性测试，并展示了克隆巴赫系数（Cronbach's alpha）的因变量与自变量的信度系数。表 6-26 展示了所有自变量和因变量的平均数、标准差和信度系数，这些变量的信度分数为 0.70 ~ 0.96。信度得分越高，说明所收集的数据保持了更高的内部一致性。如哈尔、安德森、塔萨姆和布莱克（1998）所说，“诊断性测量要做的是评估整体一致性的信度系数，而克隆巴赫系数则是最常用的方法。”他们还表示，“人们普遍认为，克隆巴赫系数的最低值应为 0.70。但是在探索性研究中，最低值可能降到 0.60。”按照德维利斯（2003）的说法，信度系数在 0.70 ~ 0.80 可被视为“正面”，而信度系数在 0.80 ~ 0.90 则可被视为“相当出色”。当所有自变量和因变量的信度系数都超过 0.70 时，那么各种自变量对个体的创新应用产生影响时，研究工具就应当被视为是可靠的。数据显示，本次的研究工具信度很高，具有很强的可靠性。这些工具的作用，是用来收集检验创新应用高级模型的数据。

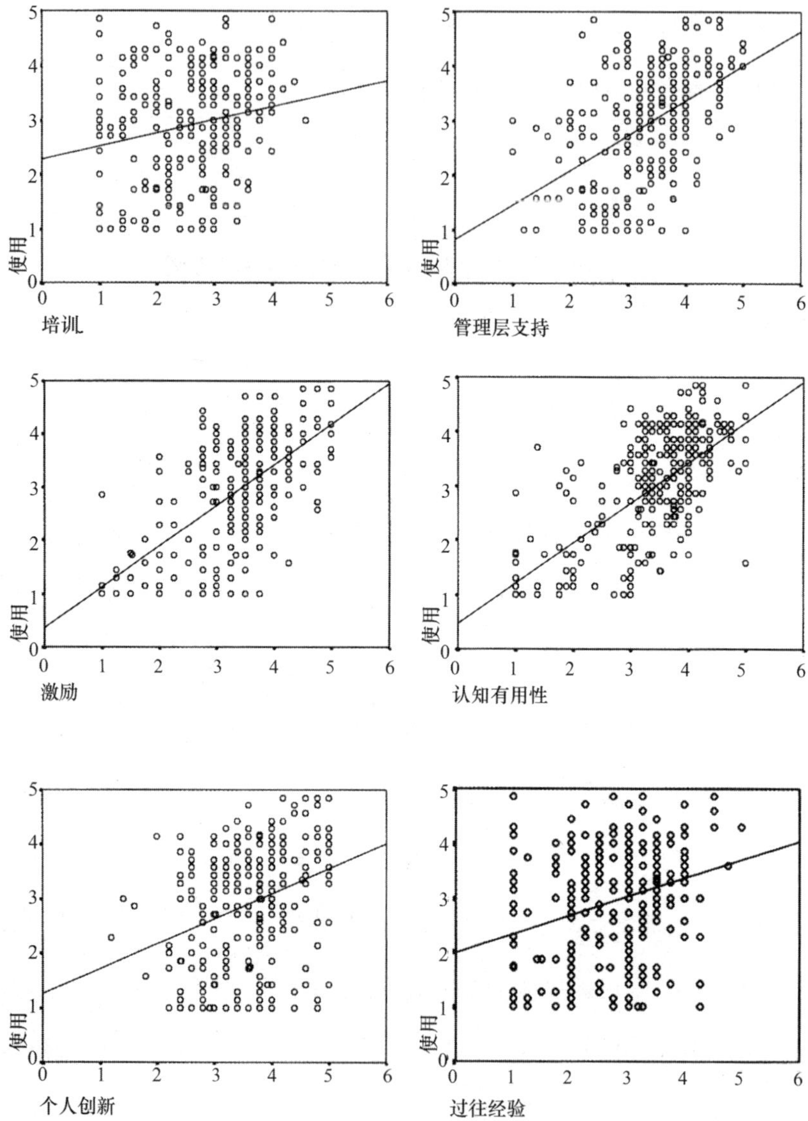

（a）

图 6-5　使用与其他变量之间的关系

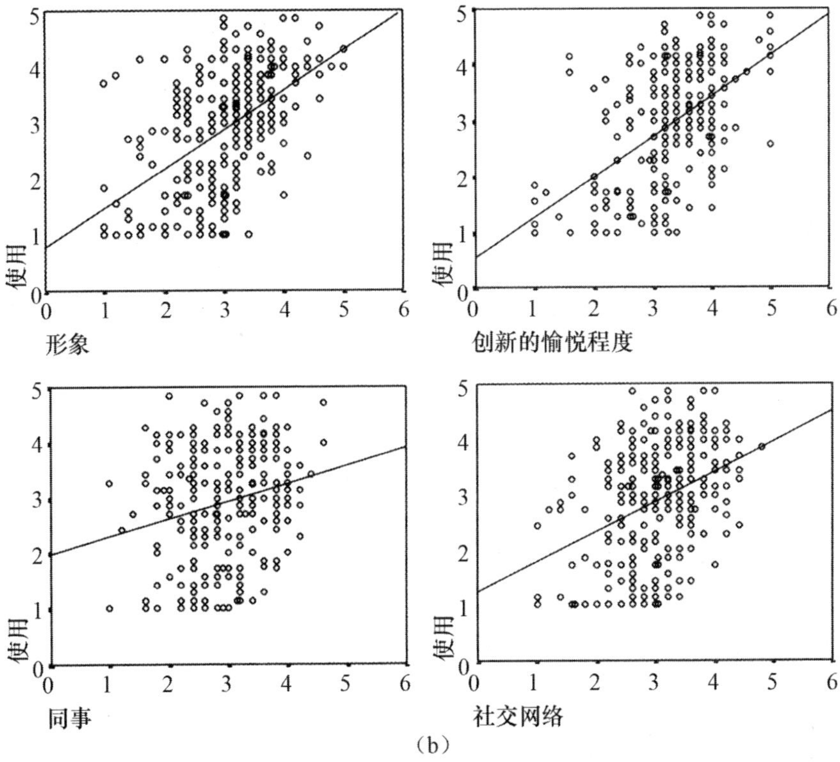

（b）

图 6-5　使用与其他变量之间的关系（续）

表 6-25　研究所涉变量之间的相互关系

变量	使用	培训	管理层支持	激励	认知有用性	个人创新	过往经验	形象	创新的愉悦程度	同事	社交网络
1. 使用	1										
2. 培训	0.196**	1									
3. 管理层支持	0.475**	0.569**	1								
4. 激励	0.624**	0.191**	0.423**	1							
5. 认知有用性	0.658**	0.253**	0.424**	0.809**	1						
6. 个人创新	0.331*	0.053	0.059	0.289**	0.313**	1					
7. 过往经验	0.279**	0.229**	0.157**	0.318**	0.332**	0.348**	1				
8. 形象	0.528**	0.352**	0.504**	0.627**	0.622**	0.230**	0.290**	1			
9. 愉悦程度	0.546**	0.230**	0.360**	0.726**	0.707**	0.255**	0.274**	0.616**	1		
10. 同事	0.215**	0.259**	0.385**	0.331*	0.300**	–0.66	0.104	0.359**	0.333**	1	
11. 社交网络	0.367**	0.326**	0.496**	0.741**	0.438**	0.055	0.281**	0.596**	0.458**	0.547**	1

表 6-26 变量平均数、标准差与信度

变量	平均数	标准差	克隆巴赫系数
组织因素			
培训	2.59	0.86	0.88
管理层支持	3.28	0.79	0.82
激励	3.33	0.86	0.82
个体因素			
认知有用性	3.31	0.94	0.96
个人创新	3.62	0.76	0.85
过往经验	2.69	0.87	0.70
形象	3.02	0.79	0.86
创新的愉悦程度	3.26	0.79	0.92
社会影响			
同事	2.89	0.70	0.76
社交网络	3.03	0.71	0.75
使用（因变量）	2.91	1.06	0.91

多重共线性测试

进行回归分析、寻找回归模型前，研究者通过考察共线性统计数据——方差膨胀因子（VIF）和容忍度，来考察共线性。“共线性表达的是两个（共线性）或多个（多重共线性）自变量之间的关系。当任何一个自变量与一组自变量高度相关时，就会出现多重共线性。”（哈尔、安德森、塔萨姆和布莱克，1998）“容忍度指的是选定的自变量不受其他自变量影响的可变程度。因此，容忍度的数值越小（VIF 因此越高，因为 VIF=1/ 容忍度），说明共线性可能越高。”（哈尔、安德森、塔萨姆和布莱克，1998）简单来说，如果容忍度低于 0.10，那么就存在多重共线性的可能；如果容忍度高于0.10，那就不存在多重共线性问题。如果一个变量的VIF超过10，那么这个变量就被视为具有高度共线性，会在回归分析中引发问题（哈尔、安德森、塔萨姆和布莱克，1998）。尽管一些变量表现出显著的相互关联性，但它们的容忍度仍然维持在0.276～0.789，VIF值也只在1.268～3.628，这表明多重共线性不太可能对本次研究造成威胁。表6-27显示的就是共线性统计数据。

表 6-27　多重共线性测试

	非标准化系数		标准化系数	t值	显著性	共线性统计	
	B	标准误	Beta（β）			容忍度	VIF
培训	–0.149	0.065	–0.122	–2.304	0.022	0.630	1.587
管理层支持	0.401	0.080	0.299	5.035	0.000	0.504	1.984
激励	0.158	0.098	0.129	1.602	0.110	0.276	3.628
认知有用性	0.367	0.087	0.327	4.213	0.000	0.295	3.386
个人创新	0.180	0.066	0.130	2.738	0.007	0.789	1.268
过往经验	0.039	0.058	0.032	0.662	0.508	0.764	1.309
形象	0.102	0.086	0.077	1.186	0.237	0.422	2.368
愉悦程度	0.100	0.089	0.075	1.129	0.260	0.398	2.513
同事	–0.072	0.078	–0.048	–0.924	0.357	0.659	1.518
社交网络	–0.022	0.091	–0.015	–0.245	0.807	0.477	2.094

极端值测试

研究者对单变量和多变量的极端值都进行了检测。对单变量的极端值，研究者考察了每个变量的Z-scores，看其数值是否低于–3.00或者高于3.00，符合这些标准的数据应当被删除。对多变量的极端值，研究者考察了马氏距离数值（Mahalanobis distance stores，通过考察一种预测变量平均数的距离来考察特性的影响），超过临界值（由卡方检验的临界值确定，p<0.001，df= 变量数量）的数据应当被删除。两个结果都显示，本次研究并不存在明显的极端值问题。

6.7 作为因变量的使用情况多元回归分析

研究者关注的是更准确地预测组织内员工个体的创新使用情况。这种研究，能够让研究者开发出一种能将个体的创新应用问题融合到统一模型中的理论框架。这个模型能够改善理论基础、增强经理人的意识、理解并对创新应用提供支持。为了实现这个目的，研究者进行了多元回归分析，以客观中立的方法评估一组自变量的预测能力。在分析过程中，研究者对每个自变量都进行了回归分析，以保证最大程度地发挥自变量的预测能力。这些权数表明了自变量之间的相互影响，促使研究者更好地解读每个自变量在模型中的影响作用。

为了适用回归分析，“使用情况”被视为因变量，由代表组织内员工个体观点和看法的自变量决定。以下十个变量被划分为自变量：培训、管理层支持、激励、认知有用性、个人创新、形象、过往经验、创新的愉悦程度、同事和社交网络。275 个观测样本，满足对自变量的 15:1 的观测标准比例（哈尔、安德森、塔萨姆和布莱克，1998）。这保证了样本不会出现过度拟合研究结果的危险，有助于证明结果的正当性，以保证研究发现整个对象群体所具备的概括性。

在满足回归分析的假设前提时，最重要的是要保证得到的结果能够反映样本的真实情况，尽量保证做出最好的分析。研究对数据进行了检测，以发现并纠正其中可能存在的任何严重违反假设的情况。关于变量，研究者提出的几个前提包括线性关系、极端值、常态、多重共线性、同方差性/异方差性以及残差的独立性。对于线性关系，变量个体的散点图并没有表现出因变量和自变量之间存在非线性关系。多重共线性的测验显示其中不存在多重共线性问题。此外，多重共线性常态及同方差性也在回归分析中得到了检测。

回归模型评价及整体模型配适度

接下来一部分解决的是回归模型即模型配适度的整体评价问题。具体到因变量和自变量的回归分析上，我们认为样本是充分的，满足了个体变量的假设前提。利用回归分析，我们可以计算出表 6-28 中的描述性统计数据，这些数据是本次研究的数据集的平均数及每个变量的标准差。对于解读回归模型来说，这个表格不是必须的，但对数据分析来说，却是一个有用的总结。

表 6-28　描述性统计数据

	平均数	标准差	样本量
培训	2.5921	0.86890	275
管理层支持	3.2863	0.79018	275
激励	3.3331	0.86441	275
认知有用性	3.3165	0.94480	275
个人创新	3.6207	0.76743	275
过往经验	2.6974	0.87430	275
形象	3.0235	0.79591	275
创新的愉悦程度	3.2629	0.79748	275
同事	2.8984	0.70875	275
社交网络	3.0321	0.71307	275
使用	2.9107	1.06032	275

接下来的部分描述整体模型，提供了一些有关模型的非常重要的信息：R、R^2 和调整后的 R^2 数值。标注为“R”的一列，显示的是变量与结果之间的复相关系数。R^2 是相关系数的平方（0.729^2=0.531），也被称为决定系数。这个数值表示的是由自变量或预测变量决定的 Y（因变量）的总体变化范围。在本次案例研究中，个体使用或接受创新中 53.1% 的变化幅度，可以由培训、管理层支持、激励、认知有用性、个人创新、形象、过往经验、创新的愉悦程度、同事和社交网络变量来确定。科恩（1988）提出，R^2 为 0.15 表示中等幅度的变化，而 R^2 为 0.35 则代表着大幅变动（阿胡加和撒切尔，2005）。概算标准误差是考察预测准确性的另一个衡量标准，它指的是围绕回归线对实际因变量标准差的估算，它测量的是围绕回归线的变动。最后一列显示

的是杜宾－瓦特森统计量，该数值显示，这里不存在自相关问题。简单来说，数值小于 1 或大于 3 就值得担忧了（菲尔德，2005），但这里的数值为 1.627，所以满足研究的假设前提。表 6-29 对回归模型做出了总结。

表 6-29 回归模型总结

R	R^2	调整后的 R^2	概算标准误差	杜宾－瓦特森统计量
0.729	0.531	0.515	0.73831	1.627

接下来的部分包含了方差分析（ANOVA），用于检测模型能否显著地对结果做出预测。特别是 F 检验，代表了在模型中仍存在不精确性时作为吻合模型的结果而对预测准确性做出的贡献。结果显示了平方和（SSm）的数据，相比使用平均数作为估算的结果，这种对预测结果的提高，使其能够符合回归直线。和单独截取 $F(10, 264)=29.912$，$p<0.001$ 相比，模型在预测因变量时有了显著提高。从数据中我们可以得出结论，在预测变量时，模型具有高度显著性（$p<0.001$）。表 6-30 显示了 ANOVA 检验的结果。

表 6-30 ANOVA 检验结果

	平方和	df	均方	F	显著性
回归	163.631	10	16.363	29.912	0.000
残差	144.421	264	0.547		
总数	**308.052**	**274**			

表 6-31 所示的是 B 值（非标准化系数）、回归方程的常数以及预测因变量的模型中每个自变量的显著性。非标准化系数 B 显示的是每个变量

对模型的贡献。如果显著的B值被替换进方程（$Y=b_0+b_1X_1+b_2X_2+b_3X_3\cdots+b_{10}X_{10}$），那么实证模型就可以写成如下形式。

$$U=b_0+b_1TR+b_2MS+b_3IN+b_4PU+b_5PI+b_6PE+b_7IM+b_8EI+b_9PR+b_{10}SN$$

其中，

U= 使用；

TR= 培训；

MS= 管理层支持；

IN= 激励；

PU= 认知有用性；

PI= 个人创新；

PE= 过往经验；

IM= 形象；

EI= 创新的愉悦程度；

PR= 同事；

SN= 社交网络。

表 6-31　系数

变量	非标准化系数		标准化系数	t	显著性
	B	标准误	Beta（β）		
（常数）	−0.879	0.320		−2.744	0.006
培训	−0.149	0.065	−0.122	−2.304	0.022
管理层支持	0.401	0.080	0.299	5.035	0.000

（续表）

变量	非标准化系数		标准化系数	t	显著性
激励	0.158	0.098	0.129	1.602	0.110
认知有用性	0.367	0.087	0.327	4.213	0.000
个人创新	0.180	0.066	0.130	2.738	0.007
过往经验	0.039	0.058	0.032	0.662	0.508
形象	0.102	0.086	0.077	1.186	0.237
愉悦程度	0.100	0.089	0.075	1.129	0.260
同事	–0.072	0.078	–0.048	–0.924	0.357
社交网络	–0.022	0.091	–0.015	–0.245	0.807

对使用的影响具有统计显著性的变量分别是：培训、管理层支持、认知有用性和个人创新。在分析的第一阶段中，激励和创新的愉悦程度并不具备显著性。可如果在分析中排除创新的愉悦程度，因为其既不显著，且与激励高度相关（$r=0.762, p<0.001$），那么激励这个变量就会具备显著性，而 R^2 几乎保持不变（$R^2=0.529$）。

“激励”的相关性，即其对行为的影响，值得我们对其做出更多的研究。统计分析会一步步深入，分析先从描述性统计开始，接着进行相互关系分析，最终再到多元回归分析。当使用描述性统计总结具有描述样本特征的数字或图标的数据时，相关分析则被用来衡量两个变量的线性相关程度。另外，多元回归分析旨在在因变量和多个可能预测变量之间寻找线性关系。类似分析会同时考虑多个预测变量，因此建模也会更加准确（菲尔德，2005）。

在相关分析的最初阶段，“激励”与“使用”表现出显著的正相关关系。研究者希望对激励和其他变量进行更高级的统计分析。多元回归分析显示，“激励”并不具备显著性。深入分析表明，出现这种情况的原因，在于“激励”和“创新的愉悦程度”这两个变量之间存在紧密关系。尽管标准共线性测试显示两者并没有达到证明共线性存在的 0.9 的标准，但两者之间 0.7 的相互关系表明，两个变量之间存在一定程度的一致性（哈尔、安德森、塔萨姆和布莱克，1998）。

逐步回归分析为进一步考察这种关系提供了方法，它将变量逐一添加到模型中，直到添加变量导致模型的可信度降低到 95% 以下（显著性 0.05）为止。逐步回归分析显示，“激励”是五个被纳入模型的自变量之一。

尽管有些分析显示“激励”不具备显著性，但相关分析和逐步回归分析却支持了这个变量具有显著性的结论。

非标准化系数 B 值显示的是应用行为和每个变量之间的关系。如果数值是正的，我们可以说该变量和结果之间存在正相关关系；如果出现负值，则意味着二者有负相关关系。这些数据显示，有 3 个变量明显具有正的 B 值，因而它们与结果正相关；一个变量具有负的 B 值，意味着其与结果负相关。因此，随着管理层支持的增加，个体的创新应用也会增加；随着个体的认知有用性增加，创新的使用也会增加。“个人创新”增加也会导致使用率增加；“激励”增加使用情况也会出现提高。培训虽然具有负的 B 值，但从相关矩阵来看，“培训”与使用情况仍然是正相关的（$r=0.196$，$p<0.001$）。访谈中的培训因素将会在后面进一步讨论。

如果其他变量数值保持不变，非标准化系数还能表明每个变量对结果的影响程度。

培训（B=-0.149）：这个数值表明，培训每增加一个单位，个体的创新应用程度就会受到 0.149 个单位的负面影响。只有当其他所有变量都保持不变时，这种解读才是真实的。但是，培训和使用（r=0.196）之间存在正相关，显著程度为 0.01。研究者会在定量分析的章节中对此做出进一步分析。

管理层支持（B=0.401）：这个数值表明，管理层支持每增加一个单位，个体的创新应用程度就会增加 0.401 个单位。只有当其他变量不变时，这种解读才是真实的。

激励（B=0.192）：这个数值表明，激励每增加一个单位，个体的应用也会相应增加 0.192 个单位。激励能够使员工个体对创新的接纳和应用产生积极影响。只有当其他变量保持不变时，这种解读才是真实的。

认知有用性（B=0.367）：这个数值表明，认知有用性每增加一个单位，个体的创新应用程度就会增加 0.367 个单位。员工个体的认知有用性与创新使用程度的增加之间存在联系。只有当其他变量保持不变时，这种解读才是真实的。

个人创新（B=0.180）：这个数值表明，个人创新每增加一个单位，个体的应用会增加 0.180 个单位。个体尝试创新的意愿，能够提高创新的应用率。只有当其他变量保持不变时，这种解读才是真实的。

每个 B 值都存在一个关联标准误差，该关联标准误差表现在不同样本里各 B 值的变化程度，这些标准误差也被用于确定 B 值与 0 之间的差别是否显著。从 B 值是否与 0 具有显著差别的测试中可以得出 t 值。在本次研究的多元回归分析中，t 检验衡量的是变量是否对模型做出了显著贡献。因此，如果与 B 值相关的 t 检验具有显著性，那么变量就对模型做出了显著的贡献。显著性的数值越小（t 值越大），变量的贡献就越大。在这次研究的模型里，培训 [$t(275)=-2.304$，$p<0.022$]、管理层支持 [$t(275)=5.035$，$p<0.001$]、激励 [$t(275)=2.041$，$p<0.042$]、认知有用性 [$t(275)=4$，213，$p<0.001$] 以及个人创新 [$t(275)=2.738$，$p<0.007$] 都是个体创新应用中的显著变量。

除了为预测个体的使用程度创造基础，回归系数同样可以在对个体使用的总体评估中预测各变量的相对重要性。研究者用贝塔系数（β）对变量进行比较。从贝塔系数的数值来看，最有影响的是认知有用性，其他依次为管理层支持、激励、个人创新和培训。然而，在有贡献的变量中，培训的作用是最小的。研究表明，认知有用性是最重要的变量，排在后面的依次为管理层支持、激励和个人创新。培训在重要程度方面的排名最低。变量的权重显示在了标准化回归系数中。β 值更高意味着更重要，β 值低意味着变量的重要性更低。

无多重共线性假设的评估

只要容忍度大于 0.10，VIF（方差膨胀因子）低于 10，有关多重共线性的假设就成立。当容忍度低于 0.10，或 VIF 大于 10 时（哈尔、安德森、塔萨姆和布莱克，1998），多重共线性的存在的就是一个值得考虑的问题。表 6-32 展示了共线性统计数据。

表 6-32 共线性统计数据

共线性统计数据		
变量	容忍度	VIF
培训	0.630	1.587
管理层支持	0.504	1.984
激励	0.276	3.628
认知有用性	0.295	3.386
个人创新	0.789	1.268
过往经验	0.764	1.309
形象	0.422	2.368
创新的愉悦程度	0.398	2.513
同事	0.659	1.518
社交网络	0.477	2.094

检查假设前提

分析的最后阶段需要考察模型的假设前提。统计结果表明，极端值不存在问题，多重共线性不存在问题，杜宾－瓦特森统计量也证明不存在自相关。研究者还对比考察了标准化残差（*ZRESID）与标准化预测值（*ZPRED）的标点图，并研究了残差的矩形图和正态概率图。分布图显示了因变量的预测值与残差之间的关系。研究者可以利用这个标点图考察线性关系和同方差性的假设。标准化残差和标准化预测值的图形，应当是围绕在 0 周围的随机、平衡分部的散点。如果图形呈漏斗状，那么数据中就存在异方差性的可能。如果图形中存在任何曲线，则说明数据违反了线性关系的假设。图 6-6 就是标准化残差和标准化预测值的标点图。图中的标点随机、平衡地分布在图中，大部分的标点平衡地分布在 0 周围。残差与预测值之间没有明显的关系，所以线性关系就是证据。结果似乎也证明了没有违反同方差性的假设，尽管图中也有一些残差存在，但这些标点并没有形成漏斗状，标点也不存在曲线性关系。这个模式证明线性与同方差性的假设前提已经得到了满足。

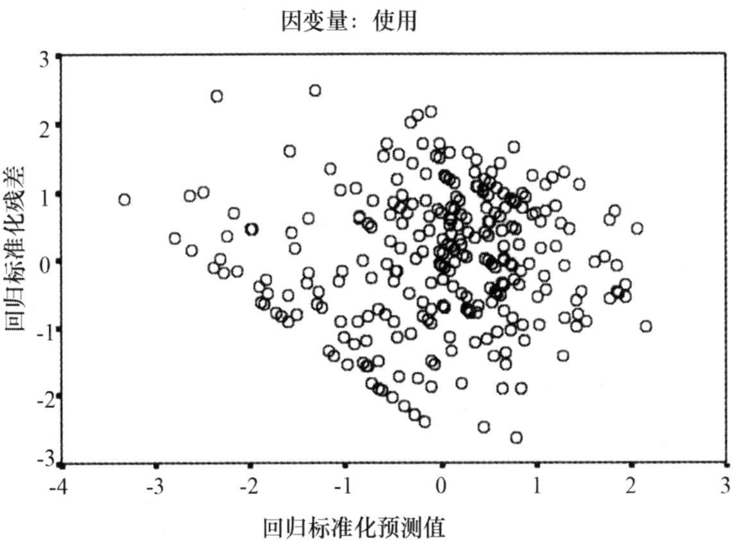

图 6-6　标准化残差与标准化预测值分布图

为了检验残差的正态性，需要考察矩形图和正态概率图。矩形图和正态概率图能够显示残差是否呈正态分布。矩形图应当呈正态分布状（钟形曲线），非正态矩形会表现出倾斜或不对称的图形。社会科学统计软件包（SPSS）在矩形图上画出了一条曲线，以表现分布的形状。本次研究数据尽管在中部缺少一些残差，但矩形图仍基本上保持了正态分布。所以矩形图中的数据也呈正态分布状。此外，为了检验正态性假定，研究者还考察了正态概率图。正态概率图中，直线代表正态分布，点则代表残差。在一个完美的正态分布数据集中，所有点都应该在一条直线上，这也正是我们在本次研究的数据中观察到的现象。本次研究的矩形图和正态概率图都表现出了相对的正态分布，所以假设前提得到了满足。图 6-7 为正态分布残差的矩形图，图 6-8 为回归标准化残差的正态概率图。

标准多元回归分析显示，个体创新应用中有 53.1% 的变化幅度是由十个自变量引起的 [$F(10, 264)=29.912$，$p<0.001$]。认知有用性是最重要的变量 [$\beta=0.327$，$t(275)=4.213$，$p<0.001$]，排在后面的依次为管理层支持 [$\beta=0.299$，$t(275)=5.035$，$p<0.001$]、激励 [$\beta=0.156$，$t(275)=2.041$，$p<0.042$]、个人创新 [$\beta=0.130$，$t(275)=2.738$，$p<0.007$] 和培训 [$\beta=-0.122$，$t(275)=-2.304$，$p<0.022$]。上述变量都具有统计显著性，其他自变量则不具备统计显著性，它们对总体的预测也没有起到太多作用。所有的假设前提都得到了满足，模型对本次研究的目标群体具备概括性总结的能力。不具备显著性的变量将在深度访谈中进行考察，详见第 7 章。

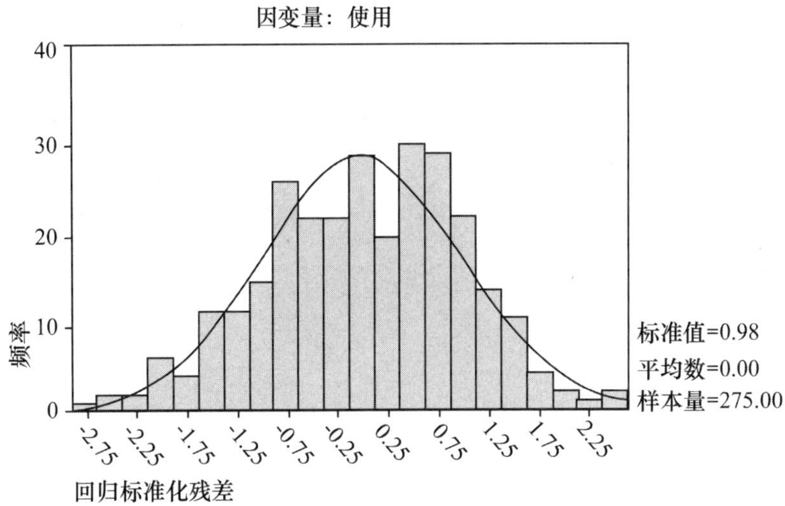

图 6-7　正态分布残差矩形图

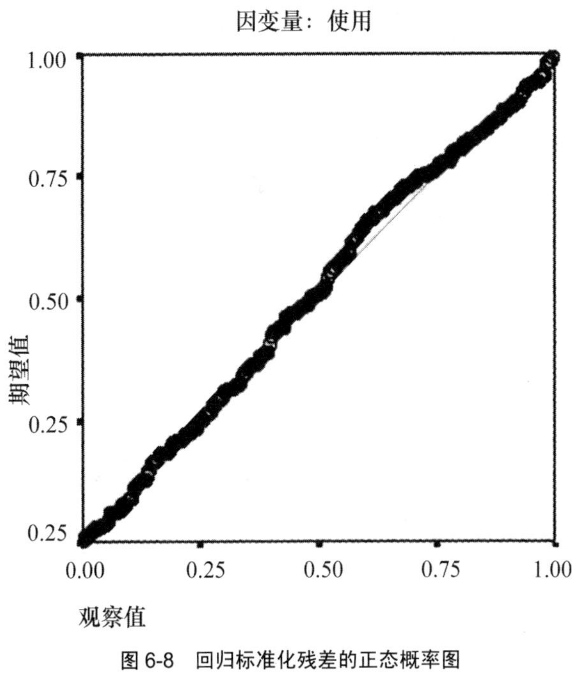

图 6-8　回归标准化残差的正态概率图

到目前为止，员工的人口统计学特征能否对创新的接纳和使用程度产生影响，仍有待观察。为了检测人口统计学特征对因变量的影响，我们首先要检查不同人口统计学类别在使用程度上是否存在显著不同，比如，男性与女性、不同年龄组、不同学科、学术和专业人员、全职与兼职员工以及学历。为了找出人口统计学特征的显著区别，研究者进行了方差分析的检验，接下来的一部分展示的就是这方面的结果。

6.8 受访人口统计学特征对使用情况的影响

以性别、年龄、学科、工种、雇佣状态和学历形式出现的人口统计学特征，可能对员工的创新接纳与使用产生影响。为了找出受访者人口统计学特征的显著不同，研究者进行了方差分析检验。以下描述的就是方差分析检验的结果。

按性别区分的使用情况的方差分析检验

为了确定性别是否会为使用带来显著不同，研究者进行了方差分析检验。描述性统计数据（见表 6-33）显示，女性受访者的平均使用情况（平均数 =3.06，标准差 =1.03）高于男性受访者（平均数 =2.64，标准差 =1.05）。方差齐性检验（表 6-34）表明并没有违反假设前提（显著性

=0.620）。表 6-35 的单因素方差分析表明，F(1，273)=10.322，在 0.001 级别具有显著性。这意味着按照性别区分，使用情况之间存在显著差别。图 6-9 显示了按性别区分的平均使用情况。

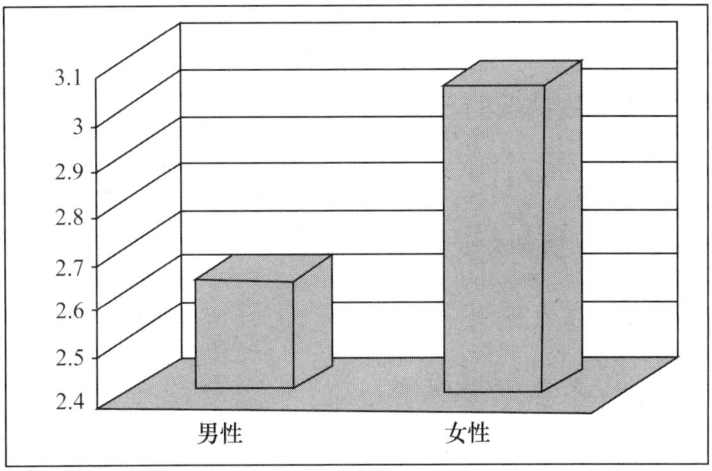

图 6-9 按性别区分的平均使用情况

表 6-33 性别分布的概括统计量

性别	样本量	平均数	标准差	标准误	95% 可信区间平均值		最低	最高
					下界	上界		
男性	100	2.6435	1.05507	0.10551	2.4341	2.8528	1.00	4.71
女性	175	3.0634	1.03564	0.07829	2.9089	3.2179	1.00	4.86
总数	**275**	**2.9107**	**1.06032**	**0.06394**	**2.7848**	**3.0366**	**1.00**	**4.86**

表 6-34 性别的方差齐性检验

Levene 检验数据	Df1	df2	显著性
0.246	1	273	0.620

表 6-35　按性别区分的使用情况的单因素方差分析检验

	平方和	Df	均方	F	显著性
群组之间	11.223	1	11.223	10.322	0.001
群组内	296.829	273	1.087		
总数	**308.052**	**274**			

按年龄区分的使用情况的方差分析检验

为了确定不同年龄组是否会为使用情况带来显著不同，研究者进行了方差分析检验。描述性统计数据（见表 6-36）显示，41 ～ 50 岁年龄组的平均使用情况是最高的（平均数 =3.06，标准差 =0.96）；其他依次为 20 ～ 30 岁（平均数 2.95，标准差 =1.04）、51 ～ 60 岁（平均数 =2.88，标准差 =1.18）、31 ～ 40 岁（平均数 =2.86，标准差 =1.04）和 61 岁及以上（平均数 =2.40，标准差 =1.16）。看上去，不同年龄组之间平均使用率的差别并不大。图 6-10 显示了不同年龄组的平均使用情况。表 6-37 的方差齐性检验表明研究没有违反假设前提（显著性 =0.143）。表 6-38 单因素方差分析的结果表明，F(4, 270)=0.980 不具有显著性（p<0.419）。结果表明，不同年龄组之间的使用情况不存在显著差别。进一步的事后检定也表明，不同年龄组的受访者的使用情况不存在显著差别。

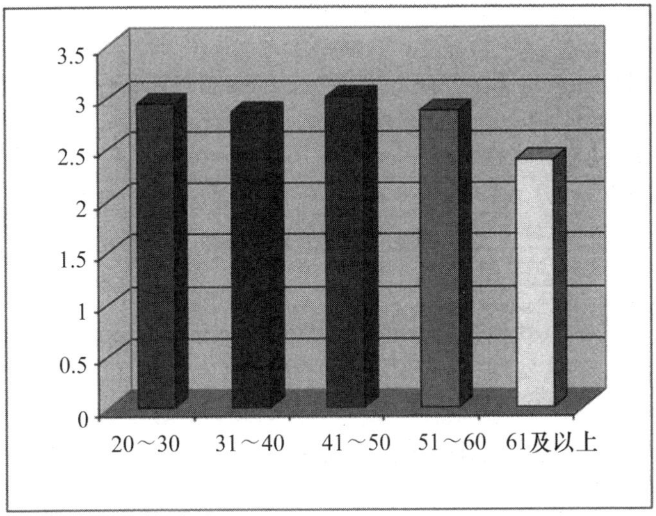

图 6-10　按年龄区分的平均使用情况

表 6-36　年龄分布的概括统计量

年龄	样本量	平均数	标准差	标准误	95% 可信区间平均值		最低	最高
					下界	上界		
20 ～ 30	53	2.9564	1.04598	0.14368	2.6681	3.2447	1.00	4.57
31 ～ 40	56	2.8622	1.04268	0.13933	2.5830	3.1415	1.00	4.29
41 ～ 50	86	3.0100	0.96232	0.10377	2.8037	3.2164	1.00	4.86
51 ～ 60	67	2.8849	1.18098	0.14428	2.5968	3.1729	1.00	4.86
61 及以上	13	2.4091	1.16168	0.32219	1.7071	3.1111	1.00	4.29
总数	**275**	**2.9107**	**1.06032**	**0.06394**	**2.7848**	**3.0366**	**1.00**	**4.86**

表 6-37　年龄组的方差齐性检验

Levene 检验数据	Df1	df2	显著性
1.731	4	270	0.143

表 6-38 按年龄区分的使用情况的单因素方差分析检验

	平方和	df	均方	F	显著性
群组之间	4.407	4	1.102	0.980	0.419
群组内	303.645	270	1.125		
总数	**308.052**	**274**			

按部门区分的使用情况的方差分析检验

为了确定不同部门的使用情况是否存在显著差别，研究者进行了方差分析检验。表 6-39 的描述性统计数据显示，平均使用率最高的是四个部门以外的其他受访者（平均数 =3.66，标准差 =0.77），其余依次为 IT、工程与环境部门（平均数 =3.15，标准差 =1.04）；健康科学部门（平均数 =3.04，标准差 =0.92）；商学院（平均数 =2.67，标准差 =1.06）；教育、艺术和社会科学部门（平均数 =2.47，标准差 =1.07）。不同部门之间的平均使用情况存在差别。图 6-11 显示了不同部门的平均使用情况。表 6-40 的方差齐性检验表明假设前提没能得到满足（显著性 =0.013）。表 6-41 的单因素方差分析结果显示，F(4, 270)=10.305 在 0.001 程度上具备显著性。这个结果表明，不同学科的使用情况存在显著差别。进一步的事后检定显示，不同学科之间存在平均差。表 6-42 显示，不在四个部门内的受访者相比其他受访者拥有显著的不同，排在第二的是教育、艺术与社会科学部门。这个结果说明，大学的各专业部门，比如，行政工作人员和“灵活学习中心”的员工需要更加广泛地使用“日历”功能，而教育、艺术与社会科学部门的员工面对的是社科类活动，所以相比其他部门他们对创新的使用可能更少。

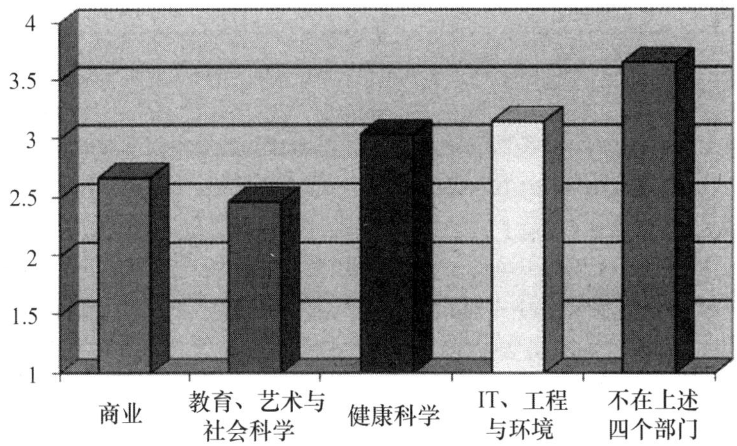

图 6-11　按部门区分的平均使用情况

表 6-39　部门分布的概括统计量

部门	样本量	平均数	标准差	标准误	95% 可信区间平均值		最低	最高
					下界	上界		
商学院	66	2.6742	1.06166	0.13068	2.4132	2.9352	1.00	4.86
教育、艺术与社会科学	69	2.4799	1.07682	0.12963	2.2212	2.7386	1.00	4.71
健康科学	71	3.0451	0.92280	0.10952	2.8267	3.2636	1.00	4.86
IT、工程与环境	32	3.1562	1.04498	0.18473	2.7795	3.5330	1.00	4.86
不在上述部门	37	3.6657	0.77603	0.12758	3.4069	3.9244	1.43	4.86
总数	**275**	**2.9107**	**1.06032**	**0.06394**	**2.7848**	**3.0366**	**1.00**	**4.86**

表 6-40　部门的方差齐性检验

Levene 检验数据	df1	df2	显著性
3.234	4	270	0.013

表 6-41　按部门区分的使用情况的单因素方差分析检验

	平方和	df	均方	F	显著性
群组之间	40.799	4	10.200	10.305	0.000
群组内	267.253	270	0.990		
总数	**308.052**	**274**			

表 6-42　按部分区分使用情况的单因素方差事后检验（Tomhane）

（I）部门	（J）部门	平均差（I-J）	标准误	显著性	95% 可信区间	
					下界	上界
商业	教育、艺术和社会科学	0.1943	0.18407	0.969	–0.3297	0.7184
	健康科学	–0.3709	0.17050	0.273	–0.8566	0.1174
	IT、工程与环境	–0.4820	0.22628	0.315	–1.1387	0.1747
	不在上述部门	–0.9915（*）	0.18263	0.000	–1.5150	–0.4679
教育、艺术和社会科学	商业	–0.1943	0.18407	0.969	–0.7184	0.3297
	健康科学	–0.5652（*）	0.16970	0.011	–1.0483	–0.0822
	IT、工程与环境	–0.6764（*）	0.22568	0.038	–1.3314	–0.0213
	不在上述部门	–1.1858（*）	0.18188	0.000	–1.7071	–0.6645
健康科学	商业	0.3709	0.17050	0.273	–0.1147	0.8566
	教育、艺术和社会科学	0.5652（*）	0.16970	0.011	0.0822	1.0483
	IT、工程与环境	–0.1111	0.21475	1.000	–0.7381	0.5158
	不在上述部门	–0.6205（*）	0.16814	0.004	–1.1038	–0.1373

（续表）

（I）部门	（J）部门	平均差（I-J）	标准误	显著性	95% 可信区间	
IT、工程与环境	商业	0.4820	0.22628	0.315	–0.1747	1.1387
	教育、艺术和社会科学	0.6764（*）	0.22568	0.038	0.0213	1.3314
	健康科学	0.1111	0.21475	1.000	–0.5158	0.7381
	不在上述部门	–0.5094	0.22450	0.240	–1.1634	0.1446
不在上述部门	商业	0.9915（*）	0.18263	0.000	0.4679	1.5150
	教育、艺术和社会科学	1.1858（*）	0.18188	0.000	0.6645	1.7071
	健康科学	0.6205（*）	0.16814	0.004	0.1373	1.1038
	IT、工程与环境	0.5094	0.22450	0.240	–0.1446	1.1634

按工种区分的使用情况的方差分析检验

为了确定学术及行政（专业）人员的使用情况是否存在显著差别，研究者进行了方差分析检验。表 6-43 中的描述性统计数据显示，专业人员的平均使用率（平均数 =3.56，标准差 =0.68）高于学术人员（平均数 =2.57，标准差 =1.06）。图 6-12 显示的是不同工种（学术人员和专业人员）的平均使用情况。表 6-44 的方差齐性检验表明，假设前提没能得到满足（显著性 =0.000）。表 6-45 的单因素方差分析检验结果表明，F(1, 269)=66.520 在 0.001 的程度上具备显著性。这个结果表明，学术和专业人员对创新的使用存在显著差别。专业人员使用更多的原因在于，他们需要比学术人员更高效地管理行政事务。

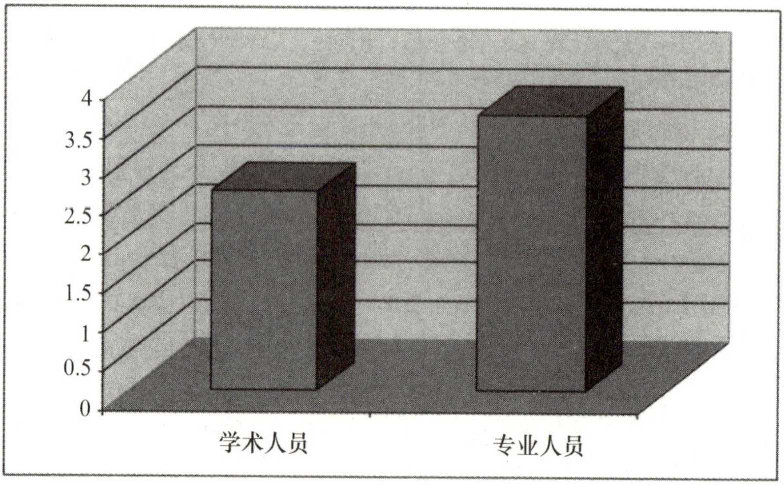

图 6-12 按工种区分的平均使用情况

表 6-43 工种分布的概括统计量

工种	样本量	平均数	标准差	标准误	95% 可信区间平均值		最低	最高
					下界	上界		
学术人员	177	2.5745	1.06332	0.07992	2.4168	2.7323	1.00	4.86
专业人员	94	3.5642	0.68926	0.07109	3.4231	3.7054	1.43	4.86
总数	**271**	**2.9178**	**1.05990**	**0.06438**	**2.7911**	**3.0446**	**1.00**	**4.86**

表 6-44 不同工种员工的方差齐性检验

Levene 检验数据	df1	df2	显著性
32.904	1	269	0.000

表 6-45 按工种区分使用情况的单因素方差分析检验

	平方和	Df	均方	F	显著性
群组之间	60.134	1	60.134	66.520	0.000
群组内	243.178	269	0.904		
总数	**303.312**	**270**			

按雇佣状态区分的使用情况的方差分析检验

为确定全职和兼职员工的使用情况是否存在显著差别，研究者进行了方差分析检验。表 6-46 中的描述性统计数据显示，全职员工（平均数 =3.10，标准差 =1.00）比兼职员工（平均数 =2.25，标准差 =0.95）的使用率更高。图 6-13 显示了不同雇佣状态（全职与兼职）的使用情况。表 6-47 的方差齐性检验表明，假设前提得到了满足（显著性 =0.780）。表 6-48 的单因素方差分析检验结果显示，F(1, 272)=34.792，在 0.001 的程度上具备显著性，这说明全职与兼职员工的使用情况存在显著差别。全职员工必须使用学校的标准系统，而且在学校停留的时间更长；而兼职员工在学校停留的时间有限，由于在校的工作责任较少，所以他们的使用率也较低。

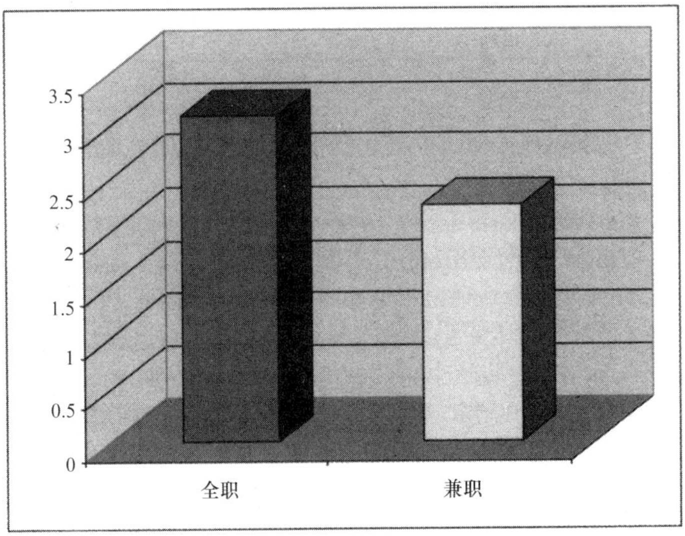

图 6-13　全职与兼职员工的平均使用情况

表 6-46　雇佣状态（全职与兼职）的概括统计量

雇佣状态	样本量	平均数	标准差	标准误	95% 可信区间平均值		最低	最高
					下界	上界		
全职	213	3.1076	1.00855	0.06910	2.9714	3.2439	1.00	4.86
兼职	61	2.2544	0.95067	0.12172	2.0109	2.4979	1.00	3.86
总数	**274**	**2.9177**	**1.05592**	**0.06379**	**2.7921**	**3.0433**	**1.00**	**4.86**

表 6-47　雇佣状态（全职与兼职）的方差齐性检验

Levene 检验数据	df1	df2	显著性
0.078	1	272	0.780

表 6-48　雇佣状态的单因素方差分析检验

	平方和	Df	均方	F	显著性
群组之间	34.520	1	34.520	34.792	0.000
群组内	269.868	272	0.992		
总数	**304.387**	**273**			

按学历区分的使用情况的方差分析检验

为了确定不同学历的使用情况是否存在显著差别，研究者进行了方差分析检验。表 6-49 中的描述性统计数据表明，拥有本科学历的员工对系统的使用率最高（平均数 =3.43，标准差 =0.771），剩余分别为研究生文凭持有者（平均数 =3.03，标准差 =1.104）、拥有 PhD 或其他博士学位的人（平均数 =2.83，标准差 =1.053）、拥有学士学位的人（平均数 =2.78，

标准差 =1.08），拥有硕士学位的人使用率最低（平均数 =2.61，标准差 =1.038）。图 6-14 显示的是不同学历的人的平均使用情况。学历不同，使用情况存在差别，受访者中使用率最高的为拥有本科学历的员工。出现这种情况的原因很可能因为很多行政人员属于这一类别，相比其他员工，他们需要更多地使用这套系统。不过，数据显示，不同学历的人的使用情况的平均差却很接近。表 6-50 中的方差齐性检验表明，这种检验没有违反研究的假设前提（显著性 0.090）。表 6-51 的单因素方差分析检验表明，F（4，242）=2.204，不具有显著性（p<0.069）。这个结果表明，不同学历的员工使用情况不存在显著差别。尽管教育背景不同，但所有员工对“日历”的使用情况大体相同。

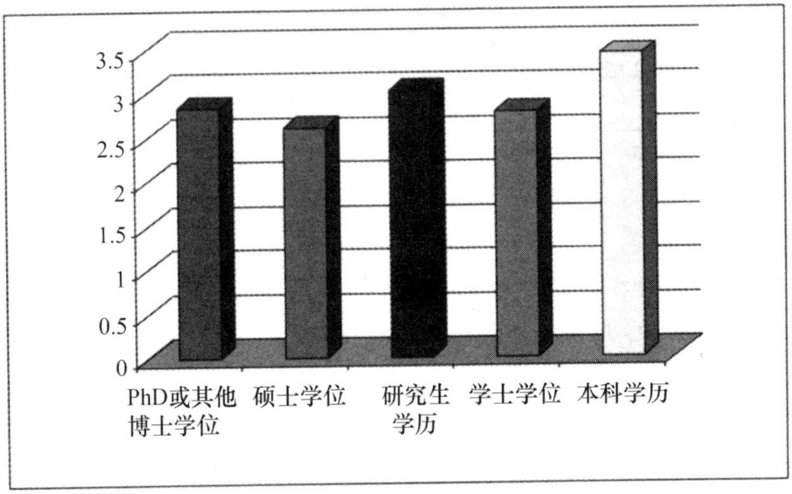

图 6-14　按学历区分的平均使用情况

表 6-49 学历的概括统计量

	样本	平均数	标准差	标准误	95% 可信区间平均值		最低	最高
					下界	上界		
Phd 或其他博士学位	86	2.8379	1.05334	0.11359	2.6121	3.0638	1.00	4.86
硕士学位	56	2.6168	1.03846	0.13877	2.3387	2.8949	1.00	4.43
研究生学历	29	3.0376	1.10413	0.20503	2.6176	3.4576	1.00	4.86
学士学位	60	2.7863	1.10813	0.14306	2.5001	3.0726	1.00	4.43
本科学历	16	3.4375	0.77102	0.19276	3.0267	3.8483	1.57	4.57
总数	**247**	**2.8375**	**1.06483**	**0.06775**	**2.7041**	**2.9710**	**1.00**	**4.86**

表 6-50 不同学历的方差齐性检验

Levene 检验数据	df1	df2	显著性
2.037	4	242	0.090

表 6-51 不同学历使用情况的单因素方差分析检验

	平方和	df	均方	F	显著性
群组之间	9.806	4	2.452	2.204	0.069
群组内	269.124	242	1.112		
总数	**278.930**	**246**			

我们根据方差分析检验可以得出，性别（男性和女性）、部门（不同部门）、工种（学术和专业）以及雇佣状态（全职和兼职）这些因素会让使用情况出现显著差别。而使用情况不会因年龄和学历而出现显著差别。对于进一步研究这些人口统计学因素如何影响创新的整体使用来说，以上信息非常有用。下一部分考察的就是这些人口统计学因素对个体创新应用的影响。

6.9 人口统计学变量影响力的层次回归分析

我们根据方差分析检验可以确定，性别（男性和女性）、部门（不同部门）、工种（学术与行政）和雇佣状态（全职与兼职）这些因素会给使用情况带来显著差别。接下来的检验将会说明这些人口统计学特征会对回归模型产生什么影响，以及人口统计学变量如何影响个体的创新应用。多元回归分析中加入被称为控制变量的人口统计学变量，可以显示性别、部门、工种和雇佣状态是否能对创新的应用起到预测作用，以及在模型中加入人口统计学变量后其他自变量能否继续提高对创新应用的预测能力。

下面将对模型进行整体描述，并分析模型能否对使用情况做出预测。表 6-52 所示为两个模型以及每个模型和数据的配适程度。决定系数的变化，显示了与第一个模型相比，第二个模型变化幅度的被决定程度及其显著性。模型 1 涉及的是分析的第一阶段，所有人口统计学特征都被当作变量。进入回归模型前，所有分类变量（人口统计学特征）都被视为二分变量（0 和 1）。在模型 2 中，所有人口统计学因素和其他自变量一样，都被看作变量。标记为 R 的一列显示的是变量与结果之间的复相关系数。接下来一列显示的是 R^2 数值，这衡量的是变量在多大程度上引起了结果的变化。对于第一个模型，R^2 的数值为 0.332，这意味着使用率中 33.2% 的变化幅度是由诸如性别、工种、雇佣状态和部门这些人口统计学特征引起的。但是，如果把其他自变量引入分析（模型 2），那么数值就会提高到 0.606，即使用率变化幅度的 60.6%。因此，如果人口统计学特征引起了 33.2% 的变化，那么其他自变量就引起了剩余 27.4% 的变化。所以说，引入其他自变量导致相当巨大的使用率变动。模型 1 具有显著性，F(7，263) =18.705，p<0.001。模型 2 具有显著性，F(10，253)=17.617，p<0.001。这些统计数据表明，在模型中引入其他变量会带来显著差别。

表 6-52　模型概述

模型	R	R^2	调整后的 R^2	概算标准误	改变的统计数据				
					改变的 R^2	改变的 F	df1	df2	改变的 F 显著性
1	0.577	0.332	0.315	0.87747	0.332	18.705	7	263	0.000
2	0.779	0.606	0.580	0.68690	0.274	17.617	10	263	0.000

表 6-53 中包含了方差分析检验结果，研究者通过这个检验，了解模型是否能比仅仅截取数据更好地对结果做出预测。F 比值代表了适配模型后预测结果的提高程度。模型 1 的 F 比值为 18.705[F(7，263)=18.705]，在 p<0.001 的程度上具备显著性。模型 2 的 F 比值为 22.932[F(17，253)=22.932]，在 p<0.001 的程度上也具有显著性。我们可以看出，模型 2 的预测能力有了显著提高，由于 F 比值有了显著提高，所以这个包含了其他自变量的模型显然更好。该模型同时包含人口统计学变量和自变量，这会提高对使用情况的预测能力。

表 6-53　方差分析

模型		平方和	df	均方	F	显著性
1	回归	100.814	7	14.402	18.705	0.000
	残差	202.498	263	0.770		
	总数	303.312	270			
2	回归	183.939	17	10.820	22.932	0.000
	残差	119.374	253	0.472		
	总数	303.312	270			

表 6-54 为回归模型系数，其中的 B 值（非标准化系数）、回归方程的常数以及每个模型中变量的显著性，都对使用情况具有预测作用。在模型 1 中，性别（男性和女性）、工种（学术和专业员工）、全职和兼职的雇佣状态、商业以及教育、艺术和社会科学具有显著性。当其他自变量没有被考虑时，这些变量就不会对使用情况产生显著影响。

表 6-54　系数

模型		非标准化系数		标准化系数	t	显著性
		B	标准误	Beta（β）		
1	（常数）	3.058	0.177		17.308	0.000
	性别	0.299	0.118	0.136	2.529	0.012
	工种	0.678	0.128	0.305	5.312	0.000
	雇佣状态	–0.601	0.132	–0.236	-4.555	0.000
	商业	–0.527	0.190	–0.211	–2.773	0.006
	教育、艺术与社会科学	–0.814	0.192	–0.335	-4.245	0.000
	健康科学	–0.253	0.191	–0.104	–1.324	0.187
	IT、工程与环境	–0.306	0.214	–0.093	–1.432	0.153
2	（常数）	0.068	0.352		0.193	0.847

（续表）

模型		非标准化系数		标准化系数	t	显著性
	性别	0.212	0.098	0.097	2.173	0.031
	工种	0.244	0.110	0.110	2.218	0.027
	雇佣状态	–0.417	0.106	–0.164	–3.933	0.000
	商业	–0.375	0.153	–0.150	–2.448	0.015
	教育、艺术与社会科学	–0.528	0.156	–0.217	–3.391	0.001
	健康科学	–0.143	0.152	–0.059	–0.937	0.350
	IT、工程与环境	–0.297	0.173	–0.091	–1.719	0.087
	培训	–0.108	0.061	–0.088	–1.757	0.080
	管理层支持	0.220	0.079	0.164	2.780	0.006
	激励	0.111	0.094	0.090	1.180	0.239
	认知有用性	0.362	0.085	0.325	4.260	0.000
	个人创新	0.225	0.062	0.164	3.639	0.000
	过往经验	0.007	0.056	0.006	0.121	0.904
	形象	0.062	0.082	0.047	0.753	0.452
	愉悦程度	0.070	0.084	0.053	0.835	0.404
	同事	–0.052	0.073	–0.035	–0.708	0.480
	社交网络	–0.032	0.085	–0.022	–0.373	0.709

在模型 2 中，当所有十个自变量与人口统计学变量（调节变量或控制变量）一起进行回归分析时，表 6-54 显示，性别（男性与女性）、工种（学术和专业人员）、全职或兼职状态、商业，以及教育、艺术与社会科学部门具有显著性，培训、管理层支持、认知有用性和个人创新也具有显著性。非标准化系数 B 值显示了每个变量对模型所起的作用。

从层次回归分析中可以看出人口统计学变量对使用情况的影响——性别（男性和女性），工种（学术和专业人员），全职和兼职状态，商业部门，教育、艺术和社会科学部门具有显著性。当研究者把这些分类变量（人口统计学变量）转变为虚拟变量（0 和 1）时，根据 B 系数的方向（正或负），很容易显示出，女性的使用率显著高于男性。结果显示，专业（行政）人员相比学术人员会更多地使用“日历”。行政人员需要大量使用这个系统，以管理行政相关活动。此外，大部分行政人员为女性，即女性员工的使用率高于男性员工。因此，行政人员相比学术人员更多地使用系统这个现象也就不难理解了。结果表明，全职员工的使用率明显高于兼职员工。全职员工在校拥有更多职责，他们需要参加更多的活动与项目。因此，相比在校工作时间有限、参加校内活动有限的兼职员工，全职员工也会更多地使用系统。

考察不同部门的使用情况，结果表明，不在特定四个部门的员工对系统的使用情况明显高于商业部门及教育、艺术与社会科学部门的员工。不在特定部门的员工属于专业（行政）人员，他们相比学术人员会更倾向于使用系统。他们需要使用系统维护多个项目、管理日程、安排会议与预约。IT、工程与环境部门以及健康科学部门的员工相比商业及教育、艺术与社会科学部门的员工拥有更高的使用率。在访谈环节，这些问题会得到深度讨论。能够起到影响作用的自变量分别是培训、管理层支持、认知有用性和个人创新。

检查假设前提

最后，通过考察极端值和多重共线性，研究者对模型的假设前提进行了检查。研究者对比分析了标准化残差与标准化预测值以及残差的矩形图和正态概率图。散点图显示了因变量预测值与残差的关系，使得研究者可以对残差推测的线性关系和同方差性进行考察。标准化残差和标准化预测值的图形看上去是一系列随机围绕零均衡分布的点。如果图形出现漏斗形状，那么数据就有出现异方差性的可能；如果图形中存在任何曲线，那么数据就有打破线性关系前提的可能。图 6-15 展示的就是标准化残差与标准化预测值的对比。在整个图形中，所有点都呈现随机、均衡分布的状态；大部分点都均衡地分布在零周围。残差与预测值之间没有明确的关系，所以两者之间存在线性关系。尽管图形中分布了一些点，但数据似乎没有违反同方差性的假设前提。这些点没有形成漏斗的形状，而且图中也不存在曲线形状。这种模式表明，线性及同方差性的假设前提得到了满足。

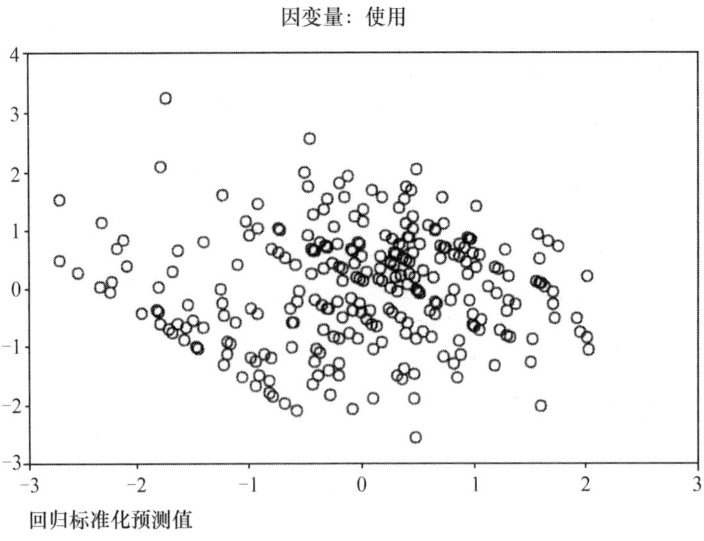

图 6-15　标准化残差与标准化预测值分布图

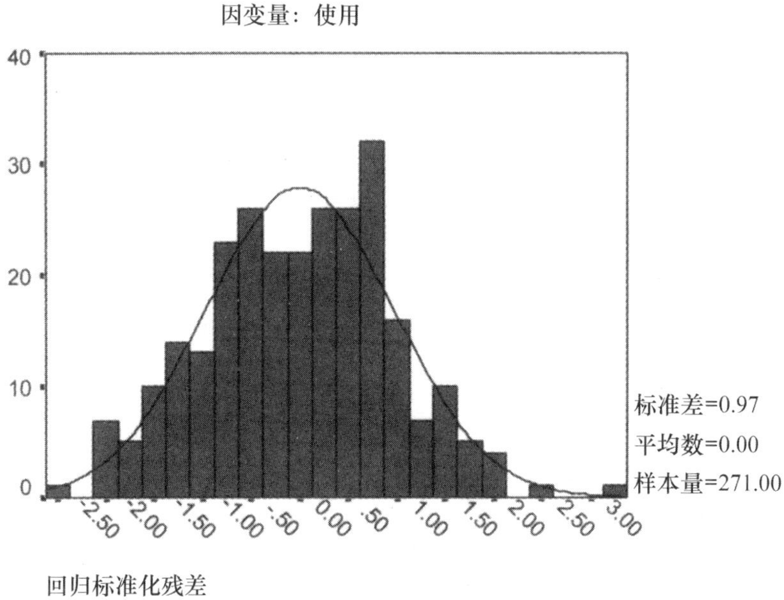

图 6-16　残差正态分布矩形图

为了检验残差的正态性，研究者考察了矩形图和正态概率图。矩形图和正态概率图能够显示残差是否属于正态分布。矩形图看起来属于正态分布（钟形曲线），如果是非正态部分，那么矩形图会出现倾斜或者不对称。SPSS 在矩形图上画出了一条曲线，以显示分布的形状。对于这份数据，矩形图显示，尽管图形中部略微缺少一些残差，但基本属于正态分布。因此，矩形图显示数据属于正态分布状态。为了检验正态性假定，研究者还考察了正态概率图。正态概率图中出现直线，代表了正态分布，而点则代表残差。在一个完美的正态分布数据集中，所有的点都应分布在直线上。对于本次研究的数据，我们大体上也能看到这种形态。在这个案例中，矩形图和正态概率图都表现出了相对的正态分布特征，因此数据没有违反假设前提。图 6-16 是残差正态分布的矩形图，图 6-17 则是回归标准化残差的正态概率图。

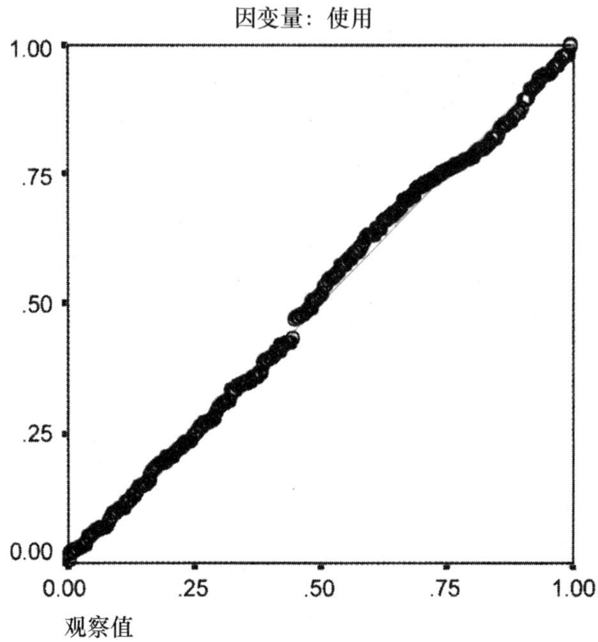

图 6-17 回归标准化残差的正态概率图

对分类变量进行层次回归分析后，最终确定了两个模型。第一个模型只使用了人口统计学特征，个体创新应用的 33.2% 的变化幅度源自于此 [F(7，263)=18.705，p<0.001]。在第二个模型中，人口统计学因素被用作控制变量，它们和其他自变量一起，导致了个体创新应用的 60.6% 的变化幅度 [F(17，253)=22.932，P<0.001]。在这个模型中，认

知有用性是一个重要的变量 [β =0.325，t(275)=4.260，p<0.001]。排在后面的分别是教育、艺术与社会科学部门 [β =–0.217，t(275)=–3.391，p<0.001]，个人创新 [β =0.164，t(275)=3.639，p<0.001]，管理层支持 [β =0.164，t(275)=2.780，p<0.006]，商业部门 [β =–0.150，t(275)=–2.448，p<0.015]，工种 [β =0.110，t(275)=2.218，p<0.027] 和性别 [β =0.097，t(275)=2.173，p<0.031]，培训 [β =–0.088，t(275)=–1.757，p<0.080]。所有这些变量都具备统计显著性。不具备统计显著性的变量将在第 7 章对数据的定性研究中进行深度讨论。所有的假设前提都得以满足，模型对本次研究的目标群体具有概括性。

6.10 考虑组织、个体和社会因素的有关态度的回归分析

6.7 和 6.9 两个部分展示了两种主要的回归分析（多元回归及层次回归），这两个分析以“使用”为因变量。在这部分里，研究者另外进行了几个回归分析，以观察组织、个体本身和社会因素如何影响个体的创新应用态度。

接下来的部分将解释组织、个体和社会因素如何对个体接纳创新的态度产生影响。

以“态度”为因变量，组织因素的回归分析

研究者以“态度”为因变量，对组织因素进行了回归分析，回归模型的结果如表 6-55 所示。模型引发了“态度”63.9% 的变化幅度，关联 F 统计数值也显示，其在 $p<0.001$ 的程度上具备显著性。管理层支持和激励在 $p<0.001$ 的程度上具备显著性。但是，培训这个因素则不具备显著性。激励则是模型中最重要的预测变量 [β=0.700，t(275)=17.335，$p<0.001$]，排在第二的是管理层支持 [β=0.181，t(275)=3.765，$p<0.001$]。变量为正相关。模型显示，激励与管理层支持确实会对个体是否接纳创新的“态度”产生影响。

表 6-55　组织因素的回归模型

变量	非标准化系数 B	标准化系数 β	T	R^2	F	显著性
				0.639	160.043	0.000
（常数）	0.628		3.975			0.000
培训	0.019	0.019	0.433			0.666
管理层支持	0.201	0.181	3.765			0.000
激励	0.708	0.700	17.335			0.000

以“态度”为因变量，个体因素的回归分析

以“态度”为因变量，研究者对个体因素进行了回归分析，回归模型的结果如表 6-56 所示。回归模型引发了“态度”75.1% 的变化幅度，关联 F 统计数值显示，其在 $p<0.001$ 的程度上具备显著性。认知有用性、形象

和创新的愉悦程度在 $p<0.001$ 的程度上具备显著性。不过，个人创新和过往经验在回归分析中不具有显著性，但在相关矩阵中，“态度”与个人创新及过往经验表现出了显著相关（r=0.227 以及 r=0.305）。结果表明，认知有用性 [β=0.397，t(275)=8.516，$p<0.001$] 和创新的愉悦程度 [β=0.386，t(275)=4.926，$p<0.001$] 是模型中最具备显著性的两个因素，形象的显著性排在第三 [β=0.203，t(275)=4.926，$p<0.001$]。变量与结果存在正相关关系。模型表明，认知有用性、形象和创新的愉悦程度对个体是否接纳创新的“态度”能够产生非常大的影响。

表 6-56　个体因素的回归模型

变量	非标准化系数 B	标准化系数 β	T	R^2	F	显著性
				0.751	162.616	0.000
（常数）	0.563		3.606			0.000
认知有用性	0.368	0.397	8.516			0.000
个人创新	–0.058	–0.051	–1.531			0.127
过往经验	0.026	0.026	0.767			0.443
形象	0.223	0.203	4.926			0.000
愉悦程度	0.423	0.386	8.500			0.000

以“态度”为因变量，社会因素的回归分析

以“态度”为因变量，研究者对社会因素进行了回归分析，模型的结果如表 6-57 所示。“态度”中 29.1% 的变化幅度由这些因素引起，关联 F 统计数值表明，其在 $p<0.001$ 的程度上具备显著性。社交网络是唯一一个

在 $p<0.001$ 的程度上具有显著性的变量。但是，“同事”这个因素的重要程度却不具备显著性。这同样也与相关矩阵相符，“态度”与社交网络具有相对较高的相关性（r=0.533），但与同事的相关性相对较低（r=0.361）。结果表明，社交网络是模型中唯一一个具有显著性的预测因素 [β=0.479，t(275)=7.842，$p<0.001$]。因此，社交网络因素与“态度”存在正相关关系。模型显示，社交网络能够对个体是否接纳创新产生积极的影响。

表 6-57　社会因素的回归模型

变量	非标准化系数 B	标准化系数 β	T	R^2	F	显著性
				0.291	55.720	0.000
（常数）	1.564		7.218			0.000
同事	0.122	0.099	1.621			0.106
社交网络	0.587	0.479	7.842			0.000

以“态度”为因变量，组织、个体和社会因素的回归分析

以“态度”为因变量，研究者将组织、个体和社会因素综合起来进行了回归分析，回归模型的结果如表 6-58 所示。“态度”77.4% 的变化幅度由回归模型引发，关联 F 统计数值表明，其在 $p<0.001$ 的程度上具备显著性。管理层支持、激励、认知有用性、形象和创新的愉悦程度在 $p<0.001$ 的程度上都具备显著性。而创新的愉悦程度则成为模型中最强有力的预测因素 [β=0.336，t(275)=7.244，$p<0.001$]。排在后面的依次为认知有用性 [β=0.282，t(275)=5.246，$p<0.001$]、激励 [β=0.168，t(275)=3.017，$p<0.01$]、形象

[β=0.124，t(275)=2.762，p<0.01] 及管理层支持 [β=0.116，t(275)=2.818，p<0.01]。变量与结果存在正相关关系。模型表明，创新的愉悦程度、认知有用性、激励、形象和管理层支持对个体是否接纳创新的态度产生了影响。

表 6-58　组织、个体和社会因素的回归模型

变量	非标准化系数 B	标准化系数 β	t	R^2	F	显著性
				0.774	90.389	0.000
（常数）	0.263		1.433			0.153
培训	−0.057	−0.057	−1.534			0.126
管理层支持	0.129	0.116	2.818			0.005
激励	0.170	0.168	3.017			0.003
认知有用性	0.262	0.282	5.246			0.000
个人创新	−0.044	−0.039	−1.169			0.244
过往经验	0.020	0.020	0.607			0.545
形象	0.137	0.124	2.762			0.006
愉悦程度	0.369	0.336	7.244			0.000
同事	−0.006	−0.005	−0.127			0.899
社交网络	0.076	0.062	1.458			0.146

接下来将对定量数据分析进行讨论。

6.11　定量研究结果的讨论

研究提出并检验了一个个体创新应用的高级模型，考察了 3 种不同因

素（即组织、个体与社会因素）在影响员工使用系统过程中扮演的角色。研究结果为创新应用的高级模型提供了大量支持，证明了自变量与个体创新应用变化之间的相对关系。

三个不同回归分析的结果（因"使用"为因变量；以"使用"为因变量、以人口统计学因素为控制变量；以"态度"为因变量）显示，管理层支持和激励对"态度"和"使用"模型具有显著效果。尽管培训在"使用"模型中是具备显著性的变量，但它和使用却是负相关关系。但是在变量的内部相关性分析中，培训却具有显著性，且与"使用"具有正相关关系（$r=0.196$，$p<0.01$）。为鼓励使用相关系统，提供教育与项目培训，应用创新支持大量商务工作、鼓励试用系统，都可以刺激员工大量使用系统（伊格巴里亚、帕拉苏拉曼和巴鲁迪，1996）。如果组织提供更多的支持，当员工认为创新有用时，他们就会应用该创新。李、李和权（2005）提到，员工的认知和管理层支持会产生互动，从而影响员工应用创新的意愿。组织可以通过预先设计的支持活动，比如分配足够的资源和有资质的技师等，帮助员工针对使用创新培养积极的意愿。若管理层提供适当的支持、培训与激励，组织便能够促进员工接纳创新。

分析显示，认知有用性在所有三个回归分析中，都是具有显著性的变量。如果个体认为使用一个系统能够帮助他们提高表现和生产效率，那么他们就更有可能对系统的使用产生偏爱的态度。

个人创新在两个回归研究中具有显著性（以"使用"为因变量；以"使

用”为因变量，以人口统计学因素为控制变量），但在以“态度”为因变量的回归分析中却不具备显著性。研究发现，个人创新因素的确会对创新的应用产生影响。有很多员工之所以使用创新，是因为他们希望探索一个全新的系统。过往经验无论在“态度”还是“使用”模型中都不具备显著性。但在分析各变量的内部相关性时，过往经验却与“使用”存在显著的正相关关系。过往经验这个因素会在第 7 章的定性研究中得到进一步考察。

在以“态度”为因变量的回归分析中，“形象”这个变量对态度产生了显著影响。此外，通过各变量的内部相关性分析可知，形象和“使用”具有显著的正相关关系。如果个体认为使用创新和新系统能够提高个人在组织内的形象或地位，他就会对创新抱有一种积极的态度。员工通常会对能在相关群体中创造或维持良好形象的因素做出反应。创新的愉悦程度这个因素在“态度”模型中具备显著性。尽管与使用情况存在显著的正相关性，但这个因素在其他两个模型中却不具备显著性。创新的愉悦程度这个因素能够为创新的使用创造积极的态度。有一些个体，喜欢使用创新、发现新鲜事物；而另一些人则不喜欢这么做。就算创新摆在他们眼前，他们要么不去尝试，要么浅尝辄止。下一章的定性研究分析将会深入讨论创新的愉悦程度这个因素。

同事和社交网络这两个因素在“态度”和“使用”模型中均为展现出显著影响。技术接受模型并没有将社会规范（特定参照个体或团体的感知预期以及他遵从这些预期的动力）视为行为意图的决定因素之一，因为阿耶兹和费什拜因（1980）认为社会规范是理性行为理论中最难理解的一部分。这些变量在刘易斯、阿加瓦尔和桑巴莫西（2003）进行的研究中也不具备显著性。尽管本次研究结果显示这两个变量都不具备显著性，但研究者认为，同事及社交网络这两个因素对态度和应用都会产生强大的影响，因为朋友、社交团体、不同部门的人以及组织内外的人，都能对个体的态度和使用情况产生影响。获得鼓励和建议，能够影响一个人使用创新的态度。比方说，我之所以使用了很多新科技产品，是因为我的朋友在使用，他们帮助我使用这些新技术。不过，对于这些在定量研究中不具备显著性的变量，我们有必要进行深入的调查研究。因此本次研究对这些不具备显著性的变量在定性研究中进行了深入研究。

在人口统计学因素中，性别（男性和女性）、工种（学术和行政人员）、全职与兼职状态以及不属于任何特定部门的员工，相比商业及教育、艺术与社会科学部门的员工，这些变量对使用情况都会产生显著影响。女性员工使用系统的频率高于男性员工，因为从总体上看，南澳大学的女性员工人数更多，而且很多行政（专业）人员都是女性。行政（专业）人员相比学术人员需要更多地使用系统，因为行政人员需要管理预约、安排并追踪会议进展、与管理人员分享日历并办公。全职员工比兼职员工需要更多地使用系统。全职员工的职责更多，他们涉及的活动、项目和会议也多于兼职员工。兼职员工的责任有限，他们只在学校里停留有限的时间，所以他们对系统的使用率较低。

如果考虑所在部门，不在特定部门的员工使用系统的程度高于其他员工。这些人包括在校务部门、灵活学习中心和其他行政部门工作的员工。他们属于专业（行政）人员，我们在前面了解到，专业人员对系统的使用程度显著高于学术人员。特别是和商业及教育、艺术与社会科学部门的员工对比，他们的使用率显然高出很多。IT、工程与环境部门及健康科学部门的员工对创新的使用程度高于商业和教育、艺术与社会科学部门的员工。教育、艺术与社会科学部门的员工更多地使用人工和传统的系统，比如手写备忘录或者电话预约，而不使用“日历”功能。教育、艺术与社会科学在所有部门中是使用率最低的一个部门。

6.12 定量研究结果的意义

本章对高级模型进行了实证检验。研究对员工在做出接纳、使用决定时影响他们对创新应用所持态度的因素进行了调查研究。研究考察了三组核心因素（即组织、个体与社会因素）共同起作用时的情形。有关这些因素的理论来源于多个研究，而本次研究则综合了理性行为理论、技术接受模型，以及弗兰姆巴赫和施乐瓦尔特（2002）提出的理论框架。

本次研究的结果，可以让我们更好地从理论上理解影响个体创新应用的因素，为现实中的管理者提供实践价值。研究者提出的变量引起了“态度”和“使用”53% ~ 77% 的变化幅度，这表明模型能够对目标现象做出合理的概括总结。本次研究将与创新应用有关的研究中涉及的多个不同变量综合到了一个研究中。此外，本次研究还考察了由弗兰姆巴赫和施乐瓦尔特（2002）提出的一系列因素，检验它们的显著性，评估各因素之间的不同。

研究发现能让我们更深入地理解组织、个体和社会因素对“使用”的相对效果。这些预测因素会对个体针对创新的态度产生影响，进而对创新的应用产生影响。五个个体因素中的四个——认知有用性、个人创新、形象和创新的愉悦程度，都是技术接受模型和理性行为理论引入的主要理念，这四个因素对是否接纳创新的态度产生了显著影响。第五个变量，即过往经验，无论对“态度”还是“使用”，都不具有显著性，该变量会在定性研究分析中得到进一步考察。三个组织型因素——培训、管理层支持和激励，都以外部因素的形式融入到模型中，这是因为理性行为理论、技术接受模型以及弗兰姆巴赫和施乐瓦尔特（2002）都在各自的模型中提出外部因素会对“态度”和“使用”产生影响。这三个外部变量对创新应用的态度产生了显著影响。两个主观规范——同事和社交网络，也得到了检验，两者都被证明不具有显著性。技术接受模型没有吸收理性行为理论中的主观规范，因为其既不具有显著性，也是理性行为理论中最难理解的一部分。不过社会因素将会在定性研究分析中得到深入讨论。

本次研究检验了人口统计学因素的作用，也是模型做出的贡献之一。

绝大多数与IT相关的研究并没有将人口统计学因素融入到模型之中，所以这些研究也没有考察过这些变量对“使用”情况的影响。弗兰姆巴赫和施乐瓦尔特（2002）提供了一个理论框架，将人口统计学特征用作控制变量，他们还建议对此进行更多的研究。理性行为理论同样认可了人口统计学因素的重要性。阿耶兹和费什拜因（1980）指出，“我们对行为的分析，只涉及针对目标的态度，也就是社会及行为学家用来解释行为的因素。这些因素包括人格特征，比如人口统计学因素和外部变量。”有很多证据可以证明这些因素与兴趣行为有关（阿耶兹和费什拜因，1980）。本次研究将人口统计学因素吸收进研究模型，评估了它们对创新应用的相对作用。研究结果表明，这些因素，比如性别（男性和女性）、工种（学术与专业人员）、雇佣状态（全职与兼职）以及学科，都能对个人是否接纳创新的态度产生显著影响。

本次研究的结果对企业组织结构的管理层有着重要意义。当一个组织计划采用新系统时，他们总希望对员工是否接纳新系统做出预测。如果新系统可能无法得到全面接受，那么组织就需要采取改善措施，提高系统的接受率。为了使得引入创新所耗费的时间与资金投资得到足够的回报，提高由此产生的商业影响，组织机构就需要谨慎地制订新系统的使用计划。这也是本次研究的目的所在，即帮助管理层成功地在组织内部开发适用创新的战略。

本次研究的结果证实，认知有用性能够对“使用”产生巨大的影响。向潜在使用者强调一个系统的机能，是十分必要的。模型表明，最初阶段应当把更多的精力投入到提供更多的管理层支持及激励上。组织机构应当致力于提高员工对潜在应用的意识，强调使用系统的好处及优势。研究提出，若是想让创新应用流程平稳进行，经理人就需要表现出支持的意向。除非员工个体感受到强大的支持、得到专门的资源以及使用系统将得到某种程度的奖励，否则他们不太可能对创新产生积极的态度。对员工进行培训、在他们遇到技术问题时提供支持，也能提高创新的接纳和使用率。如果有专业培训人员或技术人员直接协助、演示使用方法，个体就能更高效地学会如何使用创新。

组织机构协助员工培养他们对自身使用创新能力的认知，也是非常重要的。个人创新能力越强的员工，应用创新的可能性就越高。组织机构可以对那些偏爱创新且能对其他人产生积极影响的员工进行培养，让他们对组织应用创新发挥促进作用。提高创新使用率的组织行为和战略，不仅应强调应用创新对生产效率的积极影响，而且要让使用创新的员工感到更愉快。通过创新创造的机会以及为了获取知识、经验和形象，都可以改善个体对创新的态度，进而鼓励个体应用创新。

6.13　结论

本章对研究所提出的创新应用高级模型进行了讨论。这个高级模型是在对理性行为理论、技术接受模型以及弗兰姆巴赫和施乐瓦尔特（2002）提出的理论框架进行综合考虑的基础之上开发出来的。此外，该高级模型还引入了上述模型中没有的一些修改。本次研究最主要的理论贡献，就是开发出了创新应用的高级模型（AMIA），并且构建出了将个体创新应用问题融入统一模型中的理论框架。

定量研究的数据分析显示，研究提出的模型能够帮助他人更好地理解决定组织内个体是否接受创新的因素。模型引发了“使用”53.1%的变化幅度；层次回归分析中60.6%的变化由模型引起（“使用”为因变量，人口统计学因素为控制变量）；以及“态度”模型中77.4%的变化幅度。相比技术接受模型和理性行为理论，这个高级模型能够更准确地预测行为意图（技术接受模型的R^2为0.50～0.70，而理性行为理论的R^2为0.30～0.60）（戴维斯、巴格兹和沃肖，1989；泰勒和托德，1995）。

实证研究调查了组织、个体和社会因素对创新应用的影响。这些因素影响了个体对创新的态度，进而影响创新的应用。因为外部因素会影响人们对创新及其使用的态度，所以模型纳入了三个组织因素，即培训、管理层支持和激励。理性行为理论、技术接受模型以及弗兰姆巴赫和施乐瓦尔特（2002）都在各自模型中提出，外部因素能够对态度和使用产生影响。实证研究结果显示，所有三个变量都会显著影响个体对创新和使用的态度。

5个个体因素——认知有用性、个人创新、过往经验、形象和创新的愉悦程度，都被引入且成为技术接受模型和理性行为理论的主要理念。除了过往经验，其他四个变量都表现出了显著性。下一章将对过往经验进行深度考察。

理性行为理论和技术接受模型没有吸收人口统计学因素，但两者都认可人口统计学因素的重要性。弗兰姆巴赫和施乐瓦尔特（2002）提出了一个理论框架，将人口统计学特征作为控制变量，并提出应对此进行实证检验。本次研究提出的高级模型则将人口统计学纳入其中并加以检验。这是模型的另一贡献。

为了进一步考察社会因素的作用，证实并补充定量研究的结果，研究者以深度访谈的形式进行了定性研究。这可以帮助人们更好地理解高级模型。下一章将对定性研究进行分析和讨论。

第7章 专业及管理人员的观点

7.1 引言

对调查问卷的结果进行分析后，研究者通过一系列访谈，进行了定性研究。研究者选择了半结构性访谈的形式，这种访谈形式能为研究者和受访者提供最大的灵活性，让双方集中关注主要问题。尽管访谈基于定量研究分析的实际结果，但研究者还是希望对那些引发问题或者不具备显著性的因素进行深度分析。这份定性研究支持了高级模型的开发，还能帮助人们深入理解影响创新应用和持续使用的有关因素。访谈结果支持了定量研究结果的正确性，对高级模型起到了进一步确认的作用。最后，定性研究确定了关键及出现问题的部分，还对整体研究的结果进行核实。本章分为4个部分：引言、访谈结果的分析、访谈总结以及结论。

7.2 分析访谈结果

为了对理论框架做出调整、开发创新应用的高级模型（AMIA），详细了解定性研究的结果十分重要。访谈的问题都与研究模型中的因素相关，这些因素具体来说有培训、管理层支持、激励、认知有用性、个人创新、过往经验、形象、创新的愉悦程度、同事及社交网络。访谈还会涉及定量研究数据分析中出现的问题。下面将详细分析访谈所收集的数据。

被问到"你认为，培训会如何帮助员工学习并理解一种新系统或创新"时

所有受访者都认同，培训能够帮助员工理解新系统、认识并了解创新。如果没有培训，员工就无法最大程度地使用创新。他们相信，培训能够提高员工的工作效率、产能和生产效率，也能完善他们对创新的理解。他们坚定地认为培训是必不可少的，而且还表示组织机构内的培训应当更高效。他们表示，如果员工不了解创新，他们就很难接纳并使用创新。培训是理解创新必不可少的一个环节。尽管组织机构会因为培训而有所支出，但是由于员工的工作效率可能会得到提高。因此，组织机构仍能从中获益。以下是受访者对于"培训"的一些有代表性的评论。

培训能够消除人们对新技术的恐惧感。最近我们买回来的新软件，尽管用起来很简单，但办公室里没有一个人愿意使用，就是因为没有相关培训。

每次拿到新软件时，我都会独自尝试。但那难度很大，会耗费大量时间，这让我感觉很累。可如果参加了相关培训，使用软件时就会变得轻松得多。所以，我认为培训是很重要的。

在我过去工作的地方，起初年纪最大的设计师不会用电脑。在公司对他进行培训之后，他成了全公司最会用电脑的设计师之一。

受访者指出，培训能够帮助使用者了解特定创新或系统的知识，教给他们正确的使用方法。受访者表示，培训确实能让他们更加自如地使用创新，帮助他们学习并使用不同的功能。接受培训后，他们在使用创新时会变得更有信心。正如其中一个受访者说的那样：

最近我接受了一个有关新系统使用的培训。在没有参加培训前，我很害怕使用这套系统，现在不会了。培训真的非常有用。

受访者感觉到，目前很多技术或系统，他们只用到了其中的一部分功能。

尽管他们认为还有很多能为工作提供便利的功能，但他们并不知道如何使用这些功能。从这个角度看，培训肯定能起到帮助作用。一些受访者提到，通过培训，他们更加了解了微软 Outlook 软件及其功能。以下是一些例子。

我用了“日历”的好几项功能，但我认为这个软件应用一定还有更多可用的功能，而且这些功能可能对我很有帮助，可我不知道该怎么用。

我只会使用“日历”的几个基本功能，比如电子邮件和创新预约。我没有接受过这方面的培训。我看到有人可以查看别人是否繁忙，但我不知道该怎么查看。我不知道怎么分享“日历”，不会使用其他功能。如果接受过培训，我想情况会更好。

每天工作时，我都会自学如何使用“日历”。但有很多功能我没有用过，也没有人告诉我怎么用那些功能。若想了解那些功能，培训应该非常有用。

不过受访者对于如何进行培训却有着不同的看法。有人认为应单独培训，有人认为可以进行团体培训。大多数受访者都提到，单独培训的效果比团体培训更好。在团体培训中，创新及其基本功能得到普及，可是在独立使用时，员工却总会遇到各种问题。而在单独培训中，员工学习的速度更快。一些受访者表示如下。

为了得到个体的关注，我觉得最好还是单独培训。单独培训的话，你可以根据自己的需求寻求帮助。不过若是标准化应用，那么也许团体培训就够了。

一对一是最好的培训方式。对员工来说，只要在他面前演示过，高级应用功能也没有那么难。他们只是不知道从哪里开始，一旦有人做出示范，他们就会用了。

有些受访者表示，虽然单独培训的效率更高，但团体培训同样很有用。在采用团体培训形式的同时，与员工个体进行深入的交流、示范如何使用新技术等同样很有效果。他们对此表示如下。

如果是新技术，那么团体培训的效果可能更好，因为所有人都会遇到相同的问题。在团体培训中学到基本知识后，你才会产生个体需求。而在团体培训中，这些个体需求是无法得到满足的。所以为了满足进一步的个体需求，单独培训就是必要的了。

对我来说，单独培训更有效。我也参加过一些团体培训。这些团体培训虽然不错，但是在团体培训中，缺乏对每个人的个别关注。我很欣赏团体培训中的单独培训环节。

一个受访者提到，培训时重要的是培训师。他是这样说的。

个人培训重要得多，也更有效，因为当你遇到问题时，培训师能演示解决问题的方法。培训师需要良好的人际交往技能，他们必须能安静地在你身边，耐心地展示所有你需要掌握的东西。

这些评论反映了袁、福尔克（Fulk）、舒梅特（Shumate）、蒙戈（Monge）、布莱恩特（Bryant）和马扎加尼斯（Matsaganis）的观点。他们认为，接受相关培训的总量，会从正面影响个体的创新应用。这些的培训能够提高个体的信念，让他们拥有更多的技能和知识，最终帮助他们成功完成任务。更为个性化的教学流程以及对于学习和进展的关注，能够加快整个创新应用的流程。不过，也有员工认为自己没有足够的时间参加培训。正如一个员工说的那样：

最让人担心的问题之一就是时间，找到足够的时间参加培训太难了，这是最主要的问题。

被问到“管理层支持（提供资源）会如何影响你对新系统或创新的接受”时

受访者认为，在接受创新或新系统的过程中，管理层支持很重要。若是没有管理层的支持，员工就很难了解到新东西。这些支持包括财力和技术支持，或者能够协调时间让员工学习并了解一个创新。受访者表示如下。

如果有管理层的支持和资源，能够参加培训，那么你的接受程度就会更高，你也会为改变做好准备。

有时候得到资源是很困难的，自己花钱买又太贵了。所以，如果管理层愿意帮我购买一种新技术，那自然能加速新技术的接受和使用过程。

在使用原来的软件时，我们需要花3天的时间才能处理完一项工作。而使用最新的技术，完成同样的工作只需要一小时到一个半小时。我一直在找这个软件，而管理层买了下来，现在我们只需要进行一些培训。在购买软件的过程中，管理层的支持至关重要。

管理层的支持，能够给员工带来使用创新的信心。没有管理层的帮助和支持，员工往往就难以接纳、使用新系统。受访者对此是这样说的。

管理层能够提供培训、时间和其他资源，这些支持会让你对应用新系统拥有更多的信心。

如果得到管理层的支持，那么接受新技术就会变得更轻松。如果没有足够的管理层支持，那么你可能就会拒绝接纳新技术。

为了让使用者接触创新、得到培训和其他资源，管理层的支持必不可少。两个受访者这样表示。

我们考虑过购买一个名为SharePoint的软件，我们找到管理层，希望他们为购买软件提供支持。如果需要我们自己花太多钱，那么我们就不准备买了。在管理层的帮助下，我们最终买下并应用了那个软件。

管理层的帮助能使事情变得更轻松。如果没有管理层的支持，我只能依靠自己的资源，那么难度就会大得多。

大多数受访者表示，留出时间学习并理解一个创新或系统是影响创新应用的核心因素。管理层应当分配出足够的时间，使员工在熟悉创新的同时处理好自己的工作。受访者表示如下。

我需要时间来学习新技术。所以，学习时间必须算进我的工作时间。让人沮丧的是，我没有足够的时间。我要上课，还要完成课题，实在太忙了。对于新技术的应用来说，足够的时间是关键。

如果管理层能够给予支持，从上班时间里留出时间学习，那么员工就会更乐意尝试新技术。如果只能在下班后学习，那难度就大了。

我需要接受培训来学习并理解新系统。所以管理层必须减少我的工作时间，给我足够的时间，我才能接受培训，学习新技术。

一些受访者表示，员工不应被迫接受创新或新系统，因为如果受到逼迫，那么他们只会被动接受这个现实，而不会真正开发出应用创新或新系统的全部潜力。管理层需要提供足够的培训和其他支持，好让员工能够理解在工作中使用创新的优势。管理层还需要对员工的需求和使用新系统的要求做出快速反应。一个受访者这样表示。

如果管理层需要花上很长一段时间才能提供支持，那么我就会对使用新技术失去动力。如果管理层能更快地提供资源，那么对应用新技术自然是有帮助的。

李、李和权（2005）尤其强调了管理层支持这一要素，他们指出，管理层支持与更高的接纳和使用率相关，而缺乏组织性的支持则说明其中存在问题。管理层支持显著地影响了个体接纳创新的决定以及组织内创新的使用。

被问到“你认为激励在多大程度上能够影响员工应用创新”时

受访者认同，激励对应用创新有着非常重大的影响。“激励”能够鼓励员工个体去接受创新。如果组织有所激励，员工也许就更有尝试的动力。正如一些受访者说的那样。

我觉得激励是非常重要的因素。如果管理层希望员工使用新技术，那么他们需要对此提供支持，奖励是让员工获得动力的一种非常有用的方法。

如果我得到承诺，能获取优势，能够升职、获得物资或财务激励，这都会激励我接受新技术。

我们告诉某个员工，如果她学会用这个软件创建时间表，她就能成为固定员工。于是她接受了培训，尽管软件很复杂，她仍然掌握了相关功能。她之所以学会了操作软件，是因为她知道，如果她掌握了这个技能，她就能够成为固定员工。

很多受访者认为，时间也是重要的因素，可以成为员工应用创新的良好激励因素。他们表示如下。

激励不一定是金钱，时间也可以成为一种很好的奖励。如果购买了一项技术，却没有时间学习的话，你是没办法使用这项技术的。若管理层为你留出时间，那你就有了尝试这项技术并对其开发利用的动力。

公司鼓励我们去使用某项技术，但我不想用，因为掌握这项技术需要一定的时间，我觉得我根本没有那么多时间去使用这项技术。我可能会偶尔尝试一下，但不会大量使用，因为定期使用太费时间了。

一些受访者提到，在他们应用创新的过程中，金钱激励的效果并不好，或者说是不必要的。按照他们的说法，员工个体希望紧跟创新潮流，他们知道，若是想保住工作，他们就需要不断地学习新知识。其中一个受访者对此做出了详细的说明。

在这个时代，不断接纳新技术是生活的一种方式。仅仅因为需要应用技术就提供奖励，也许并不合适，因为保住工作是需要成本的。这是因为所有企业都在不断进步，其中一个原因就是它们在不断应用新技术。世界变化得太快了，想保住自己的价值和工作，就需要接受新技术。也就是说，你使用新技术的回报就是继续拥有这份工作，而且由于工作效率的提高，你还有可能得到更高的薪水。使用新技术能带来更高的生产效率，这意味着企业可以雇更少的人，从而节省开支。

很多受访者认为，在鼓励他们应用创新时，激励能够起到作用。他们认为，如果应用创新有益于组织机构，那么员工也应得到相应的回报。使用创新的员工能够比不使用创新的员工更好地完成工作。一些受访者认为，应用创新能让生活变得更轻松，这样他们就有更多的时间去做其他事情，比如多陪陪家人。一个受访者这样说：

如果能让工作变得更轻松、更高效、节省更多时间，大多数人是愿意使用新技术的。如果不麻烦，而且很高效，人们就会使用，这能让他们得到更多的时间去做研究或其他事情。

巴塔奇尔杰（Bhattacherjeel，1998）认为，员工重视个人收益，比如职位晋升、个人工作的便利、正式与非正式的认可、自主权增加、拥有自我价值、取得成就以及工作更有保障等。为了鼓励员工接纳创新、帮助他们持续使用创新，管理层必须为员工提供诸如奖金、认可和表扬这样的激励措施。

被问到“在应用前，你如何调查一个新系统或创新的有用性”时

受访者一致表示，他们会在应用任何创新前都考察其有用性，因为在启用新系统或创新时，你可能会遇到问题。一个受访者表示如下。

在使用任何技术前，我总会检查该技术的用途和优势，找出我能用上的部分。

员工个体有不同的考察创新有用性的方法。大多数人都会尝试一下，对其做出检验，再询问朋友或同事的意见。如果他们感觉有用，他们就会使用这个创新。正如两个受访者说的那样。

如果我考虑使用某项新技术，我会先用大约一周的时间找到足够的信息，然后试用，检验一下这个技术，最后再决定到底要不要继续使用。

我会在测试流程中使用新技术，找出其优点。然后我会对其效用形成观点，做出是否接受的决定。

一些受访者使用高级方法考察系统的有用性，其他人则使用互联网来寻找创新的相关信息。

我用了APQP，也就是高级产品质量规划。你可以使用这个分析去预测整个事件会不会出问题、出问题的可能性有多大、你可以在哪里控制风险以及风险和收益如何。依据这些，你可以做出计划和决定。

我会在互联网上对新技术做一些研究——查找评论和在线讨论等。如果我认识的人里有人使用这项技术，我也会询问他们的意见。我一般会上网看别人的评价和使用说明。

拿到新东西时，我们会在邮件群里或在线群里讨论。我们想知道这个东西如何使用，以及我们能得到什么好处。

很多受访者表示，他们首先要知道即将应用的创新能给他们提供多大的价值，然后再考察这些价值是否值得他们付出那么多的时间。一些受访者表示如下。

其他决定因素是，使用创新值不值得我花费那么多时间。我认为，如果值得花那么多时间，那么我就该用。

团队的每个成员都会考虑，要不要使用这个创新、如何使用、创新效果如何以及使用所能带来的好处等。如果我们觉得有用，我们就会去用。

很多受访者会询问使用系统的其他人或同事，或从同事那里听取意见。受访者表示如下。

所有我使用的新技术，我都会先自己尝试一下，再介绍给其他朋友，问问他们的感觉。

我会试着自己用一下，我也会让朋友给我推荐。如果同一项创新还有其他朋友推荐，那么我会更有兴趣使用。

我经常和别人聊系统或技术。有时候这种信息是口口相传的。我一般会询问其他人的意见，听听他们有什么推荐的。

也有一些员工会在使用创新的过程中检查任何可能遇到的问题。一个受访者表示如下。

我问了很多人，想知道我在使用创新的过程中可能会遇到什么问题，以及遇到问题时该如何解决。我会和了解系统的人共处一段时间，留下他们的联系方式，一旦遇到问题我就可以直接联系他们，进行咨询了。

对其他人来说，最重要的是创新的社会影响。一个受访者称：

对我来说，重要的是技术的社会影响。技术对使用它的人意味着什么，对终端产品意味着什么，对教育有什么意义。因为在太多时候，人们关注的通常是技术的经济成本，即购买和安装。但他们不会关注长期的教育、培养及最后的结果。所以说，重要的是了解技术的教育意义、收益及社会影响。

这些评论印证了金、陈和古普塔（Gupta，2007）的研究。他们表示，员工个体会从有用性的角度评估自身行为的后果，他们的行为选择，建立在自身对创新的需求程度之上。如果一个员工意识到使用创新能够提高工作效率，那么他使用创新的可能性就会更大。

被问到“你认为个人创新（主动行动）这个因素会如何影响个体开发与利用新系统或创新”时

受访者表示，在探索一个新系统时，必须有一定程度的主动性。他们认为，在发掘新事物的过程中，个人的创新因素有着非常大的影响力。个体的主动性和对创新的兴趣是至关重要的因素。受访者表示如下。

具有创新意识的个体更愿意接纳新技术。我觉得，你得具有创新意识才会去探索新技术。

几乎所有我做的事情，都是基于我自己的兴趣。在我看来，个人兴趣是一个非常重要的因素。我觉得新技术出现时我很适应，我能从中找到很多乐趣。

一部分受访者认为，年龄是让员工个体具有创新意识的一个原因。他们提到，年轻人使用创新的可能性更高，因为和过去几代人不同，他们从小就接触过大量创新。一个受访者这样说道。

年龄的影响很大。有些年龄大的人就是不愿意去尝试新事物。当遇到一项新事物时，年纪在30岁以下、用着电脑和新科技长大的人，他们更容易兴奋，也更愿意接受新事物。这跟年龄有很大关系。

一些受访者表示，为了获得个人收益，他们会尝试去使用创新。如果创新能显著地提高他们的工作效率，那么他们使用创新的兴趣就会更高。对于这个问题，受访者是这样表示的。

对我来说，重要的是实际价值。有些人对科技很感兴趣，因此他们总在学习新技术。但只有这项新科技能让我的生活变得更轻松、能使我更快更好地做事时，我才会使用这项技术。被接纳的新科技必须能够显著地改善我的工作状态。

人们会对与工作相关、对工作有帮助作用的技术产生兴趣。我不喜欢 Endnotes 这个软件，但我知道这个软件对我的研究有好处。为了提高工作质量，我才会考虑使用这项技术。

有不少人不想学习如何使用新系统，他们很乐于使用旧东西。他们不愿意做出改变，害怕新系统，抵制新系统。一个受访者表示如下。

我有一个不太愿意做出改变的同事，他不把技术当作前进的方法，而是将其看成每天不得不进行的让人心烦的事。

有些员工对学习新事物持怀疑态度，但其他人认为他们需要紧跟潮流。他们表示如下。

有一些人，他们总是想了解有关技术的信息。但还有一些人觉得，他们又得学习新东西了。所以说，这得看每个人的性格和喜好，主动性也是原因之一。

你需要了解不同的系统，需要了解新的技术。对我来说，探索新事物很重要。

其他人强调了时间因素的重要性，也就是说，他们需要时间，来探索新系统。受访者表示，尽管他们有使用创新的意愿，但他们却没有足够的时间来充分利用系统的全部。因此，他们更偏向使用旧的技术。一些受访者是这样说的。

从个人角度来说，我愿意使用新系统，但我没有足够的时间去学习，而学习新系统确实需要时间。

管理人员总是分配大量的工作，你剩不了多少时间去学习并使用新东西。所以说，你会倾向于回归过去的习惯，那些是你熟悉的工作。

大多数时候人们很忙，他们没有时间。不过，显然有些人愿意主动出击。

有些人对使用新系统的恐惧感较低、兴趣较高，这样的人更倾向于尝试创新。

过去30年，我一直在IT业工作，我观察到，那些比较主动的人做事的方法也是不一样的。他们更愿意冒险，他们想知道主动一点会发生什么，他们不像其他人那么畏首畏尾。他们会尝试用新技术解决问题。

我觉得个人主动性和尝试新技术有很大的关系，因为有些人会想："我正在用的这个系统，对我的工作可能已没有好处，新系统应该会使工作效率更高、效果更好。"

即使有了培训、激励和支持，可如果没有兴趣，你还是不会应用创新。

个人主动性是个体应用创新时的内因（弗兰姆巴赫和施乐瓦尔特，2002）。个人创新程度更高的个体，面对创新的接纳和使用时，一般会形成更为积极的态度。

被问到"你认为使用过相似创新或技术的经验会如何帮助你应用新技术"时

受访者普遍认为，过去使用类似技术的经验显然能起到帮助作用。

如果使用过类似技术，你就能和过去的经历进行比较，看看哪些功能有了实质性的提高。过往经验有助于个体过渡到新系统，正如一些受访者说的那样。

开始使用某个东西时，相似的技术确实能产生积极影响。尝试新技术并不一定非要有过去的经验，但如果有经验，那么就更好了。

过去我用的是一种名为 Account Soft 的软件，现在我用的是一款类似软件，名为 Account Pack。我发现这两款软件有很多相似之处，因为已经有了类似的经验，所以我能很轻松地了解新的软件。

我觉得过往经验是个非常重要的因素。如果我对使用某种技术有经验的话，这种经验就能够在我利用相似的新技术时发挥积极的作用。

受访者认为，过往经验能够帮助他们理解不同技术之间的相似之处。一些受访者表示如下。

这是肯定的！用过类似技术的经验会给你带来优势。你会知道功能类别、工作流程和相似性，相比不了解的人，这肯定有极大的不同。

我觉得这点非常重要。如果一个人有使用过类似技术的经验，他们就能更轻松地使用新技术。他们在运用新产品时会更加自如，对系统也会更加熟悉。

熟悉一个特定的品牌可以让新系统的应用简单得多，因为很多使用方法和功能是一样的。所以，过往经验能够起到很大的作用。

当然！过往经验让人可以更轻松地应用新技术。如果你用过某个软件的前一个版本，由于新版本的基础功能是一样的，所以你在使用新版本时就会觉得简单得多。也许你从来没有见过新机器，但你有可能知道怎么用。

也有一些受访者认为，在应用创新的过程中，拥有过往经验并不是必要的。他们认为自己愿意尝试全新的事物。一个受访者这样表示。

在应用新系统时，我不觉得一定需要过去有相关的经验。从我个人的角度来说，我很愿意尝试过去从来没听说过的新事物，我喜欢探索。就算是全新的东西，我仍然愿意去尝试。我不觉得缺乏经验会阻止我尝试全新的事物。但过去有经验确实能让尝试的过程变得更轻松，也会让人更愿意去尝试。

一些受访者指出，过往经验能让他们自如地面对创新。如果一个人感到放松，他就更有可能使用该创新。相反，糟糕的过往经验有可能产生相反的效果。一名受访者指出。

过往经验对我的影响很大。如果过往经验很棒，我觉得新事物和过去很像，那么我就会感觉更舒服。但是，如果我在使用新系统时有过糟糕的体验，那么我的热情就会降低。我觉得，学习一个新事物时，“舒适区”确实是一个非常重要的概念。

一些受访者认为，过往经验事实上会阻碍创新的应用。他们认为，人们总会和过去对比，如果不符合自己的意愿，他们就倾向于拒绝使用。一名受访者表示如下。

人们大多数时候认为，如果之前了解某个事物，接受起类似事物时也许会更容易，但我不这么认为。如果之前用过类似技术，那你一般会放弃新的技术。拿到新技术时，你会立刻与旧的做出对比，如果新技术没能达到你使用过的旧技术的基本标准，你就会拒绝新技术。如果一个人从来没有见过类似事物，创新应用的效果应该就会更好。

过往经验和对创新的熟悉程度，能够在使用创新时减少人们的焦虑感，为他们提供更多的信心。当员工使用新升级的技术时，过往经验能够产生积极的影响。

被问到“如果你知道自己能利用创新做到同事做不到的事情，对此你有什么感受”时

受访者大多认同，如果他们了解某事而同事不了解的话，这能帮助他们在组织机构内创造一个积极、正面的形象，带给他们一种特别的自豪感。这能使他们拥有一种成就感，让他们产生自身有力量、有权威的感觉。如果某人是唯一一个了解新系统或创新的人，那么他就能在组织内取得某种形式的优势，比如得到一个特别的职位、地位或者权力。一些受访者提出。

这让我有了一种自己很特别的感觉，如果有人遇到问题，其他人会说“去找她”。这让我感到十分骄傲。

当我知道自己拥有一些新知识，掌握某种新技能时，我为自己感到骄傲。

我喜欢掌握知识。如果我知道别人不知道的东西，我就会觉得自

己取得了某种成就。这让我在某些事上有了自豪感，这确实能在很大程度上让人感到骄傲。

但是其他受访者却表示，他们的感受好坏参半。感觉好的原因在于，他们懂得别人不懂的东西。感觉不好的原因在于，他们知道自己有责任教会别人，向其他人演示、说明使用方法。他们认为自己没有做这些事情的额外时间，也不愿意承担额外工作的负担。这些人的表示如下。

我觉得既有好的感觉，也有不好的感觉。如果你知道别人不知道的东西，你就会有自豪的感觉，能做别人做不到的事情，这感觉很好。但问题是，你要承担独自掌握这些知识的责任，其他人会希望你做出解答。

能够和那些可能需要帮助的人分享知识，这种感觉很好。但不好的是，你会发现其他人总是要你帮忙，而你是唯一一个掌握那些知识的人。

如果你了解某些知识，其他人就会来问你问题。如果有很多人都不了解新技术，那么这种情况就会让人感到沮丧，你不得不教他们使用方法，而这会耗费你自己的时间和精力。

大部分受访者认为，他们希望和其他人分享知识，也愿意帮助不了解系统的人。

我感觉我应该和其他人分享知识。如果我懂得什么而其他人不懂，我就愿意和他们分享，让他们也能学会。

我觉得不该自己独占，而是应该分享，不要自作聪明或者自大。我不觉得自己比别人更好，如果我能够帮助别人，那么我就有责任帮助别人。

受访者认为，有很多人不愿意了解新事物。有些人患有“科技恐惧症”，而有些人就是没兴趣。正如一个受访者说的那样。

有时候他们就是害怕科技，不想去学习。不过，假如你向他们展示了用法有多简单，那么他们学起来就能更容易一些。有时候，阻碍他们的是他们的心理。如果能对知识做出简化，他们也许就会觉得学习并不是很难。

拥有特殊技能并将其作为权力的人觉得，分享知识可能会对他们的地位造成威胁。一个受访者这样表示。

我的经验是，有人做得特别好，自己也得到提升，但他们不会

告诉别人是什么让他们做得那么好，因为这样做会威胁他们自己的工作。

现实中的一个主要问题是，你是唯一一个了解创新的人，而其他人都不了解。为了让创新有效，要求其他人也要使用同一个创新。比方说，如果只有一个人使用“日历”，而其他人不用的话，那么这就没什么助益，因为用户之间无法进行互动，无法“安排预约”或者“发起邀请”。因此，创新的优势就无法得到充分发挥。两个受访者表示如下。

很多技术，如果想充分发挥其优势，首先要有很多人去使用。比如，假如我是唯一一个使用“日历”功能的人，那么这个应用的价值就会被降低。所以说，我是不是唯一的使用者，这是一个问题，我会积极劝说他人也去使用。

这挺有意思的，一方面，如果你知道了别人不知道的事情，这种感觉很好。但这也会让人沮丧，因为你不得不指点、帮助很多同事。

拥有创新技能意味着在很多员工眼中你是一个有能力、有知识的人，成为某方面的专家会为你带来一定的地位和声望。但是，如果缺乏相应的人际交往技能，那么这种状态就不会持续太长时间。现实中确实存在拥有创新技能却缺乏人际交往能力的人，他们言语粗鲁、经常冒犯他人。这种人的地位可能很低。个体需要同时拥有创新和人际交往技能，才能获得相应的地位、得到同事的尊重。当感觉到使用系统或创新能够提升个人形象时，员工才会试图应用某个新系统。“只有新系统能够提升他们的形象和社会地位时，个体才会认为系统是有用的。”（易、杰克逊、帕克和普罗伯斯特，2006）

被问到“使用并喜欢创新的人在多大程度上能够成为较早应用创新或系统的人”时

受访者同意，使用并喜欢创新的人会成为较早接纳创新的人，最好的例子就是那些喜欢用电脑的人。他们表示，在尝试新事物时，娱乐性和趣味性是很重要的因素。

喜欢用电脑的人一般都会在初期就成为创新的使用人。我认识的大部分从事 IT 这行的人，一般都很喜欢电脑，他们都是从一开始就用上了创新。喜欢是一个重要的原因。

这种说法非常对。那些喜欢用电脑的人，身边全是高科技，他们也是最先发现并使用创新的人。那几乎成了一种兴趣爱好。

有些人会利用自己的时间发掘新系统并使用。他们喜欢玩电脑，所以说，娱乐性很重要。

一些受访者表示，如果觉得创新比较眼熟，他们就会喜欢，因为面对熟悉的东西时他们往往更有信心，也会倾向于更多地使用那个创新。可如果是全新的，他们就会觉得娱乐性没那么强了，他们甚至会害怕使用。一个受访者这样表示。

感觉好不好要看具体情况，我觉得过去的知识有着非常重大的影响。如果我过去有相关的经验的话，那么我就会感觉自己能把工作做得很好，这就会给我带来愉快的感觉。但是，如果是全新的东西，而我在过去从来未接触过的话，那么也许我就会感到害怕。

有一些人，就是喜欢发掘新事物，喜欢探索创新。这不是因为管理层对他们施加了压力，而是因为他们喜欢。

有些人，用上电脑就会很兴奋，他们喜欢那样的工作，愿意做那些事情。他们喜欢把时间用在这上面，他们热爱发掘新事物。

范·德·黑登（Van der Heijden，2004）强调，有趣和快乐对是否做出应用的

决定有着很强的影响，这些因素还能为使用者提供逃避现实、融入新世界的机会。

被问到“你觉得同事在多大程度上能够帮助你理解并使用一个新系统或创新”时

受访者表示，在理解并使用创新的过程中，同事能够在很大程度上起到帮助作用。不管是什么创新，寻求帮助时，你第一个想到的对象总是同事，因为同事可以直接向你展示如何使用特定应用。受访者表示如下。

你知道多少、知道什么，这都不重要，同事能在很大程度上帮到你。同事可以向你展示甚至连 IT 专家都不会展示给你的应用。我从同事那里得到了大量的帮助。

在一个友好的工作环境中，同事是相当重要的。他们一般会互相帮助彼此了解新事物。我在这方面有很多经验，因为最初来到这里工作时，我遇上了过去从未使用过的技术。同事给了我非常大的帮助。

正如受访者所说，同事的鼓励非常重要。同事的支持和建议会对个体产生强烈的影响。受访者是这样表示的。

同事的帮助很关键，也很重要，来自同事的鼓励也很重要。如果没有同事的支持，我很难撑下去。他们不仅会直接帮助我，还会鼓励我。他们总是指点我，为我提出建议。

同事的影响非常大。如果同事用了某项技术，比如说“日历”，那么你几乎就会自然而然地开始使用这项技术，这样才能和同事互动。同事的赞扬和推荐也会对你产生影响。

拥有好同事非常重要，他们总能在平等对待他人的前提下帮助别人，也不会因为其他人未掌握某些知识而贬低他人。希望同事提供帮助、接受同事的鼓励，一个健康且友好的工作环境就是必不可少的。正如一位受访者所说的。

拥有不会欺负你、愿意帮助你的好同事实在太重要了。

受访者认为，由于既方便又随意，所以他们从同事那里得到的帮助更快、更容易。和阅读说明书、指南、上网找资料或者参加正规培训相比，这种方法更有效率，效果也更好。一些受访者表示如下。

同事可以帮你解决问题，告诉你书上没有的解决问题的方法。同事跟你讲解怎么做，学起来就容易多了。很多企业让新员工和老员工搭配，这样一来，新员工就能更快地学习。

有同事帮忙时非常好。同事可以展示做事的方法，他们知道相关技术的优缺点，知道怎么掌握技术。

我不愿意上半天的课，我宁愿去别的办公室找同事帮忙，他们只需要几分钟就能把关键说清楚。

一些受访者提到，同事应当能够而且愿意互相帮助，他们应当具备向其他同事解释事物的能力。

这取决于你的同事是什么样的人，还有他们的表达能力。在这个办公室里，我知道有人特别擅长解释问题。他们的解释简单易懂，所以听他们的指导很简单。

是的，不论什么时候，同事都能帮上忙，但这得取决于同事是谁？还取决于他们是否听得懂我说的话，取决于他们有没有时间、愿不愿意帮忙。他们需要有耐心把你想了解的知识讲出来。

受访者表示，同事帮忙确实能节省时间。与其浪费时间寻找二手资料，还不如寻求周围人的帮助。

同事能在很大程度上起到帮助作用。遇到问题时，如果能得到同事的帮助，那么一项新技术用起来就会简单很多。所以，我不必非得自己去解决问题，我可以找到身边的同事，说："我遇到了一个问题，请问你能告诉我怎么做吗？"我得到了同事的很多帮助，有些同事拥有我不掌握的技能。

如果你不太会用电脑或某个软件，使用过程就不会让你快乐，你总感觉自己像个傻瓜一样。可只要有人过来帮忙，向你展示一些基本功能，然后你就会觉得，好像也没那么难嘛。

在创新应用的过程中，个体会受到同事的影响，这些影响来自同事的精神支持、刺激与鼓励。弗兰姆巴赫和施乐瓦尔特表示，同事对创新的应用也许能使个体产生一种要应用的创新暗示，个体一般会通过观察模仿别人的行为。

被问到“你认为社交网络会如何对你的新系统和创新的应用产生影响”时

受访者表示，在员工应用创新的过程中，社交网络这因素具有强大的影响力。社交网络能够提供新技术以及如何使用该技术的信息。员工也认为，社交网络内给出的建议和推荐很有价值，因为社交网络内的其他人也在使用同样的创新。比如两个受访者这样说。

社交网络对应用创新有着巨大的影响。我从过去的同事以及现在认识的人那里了解到很多不同的技术。通常我是从其他人那里听说过新技术的消息后，我才会应用，因为我知道其他大学也在用这些东西。

我总是紧跟社交网络的潮流。我会询问不同人的意见，思考他们有关新技术的看法。

大多数受访者表示，他们会使用互联网和在线交流接收有关新技术及其使用的信息。有时候，为了得到有关特定创新的适当、可靠的信息，他们需要依靠虚拟的交流，了解世界范围内创新使用者的想法。他们对此表示。

面对一个新兴技术，你需要在全世界找到一群使用类似技术的人，这样交流起来才更轻松。

如果身处一个领先的组织机构，这意味着你使用的都是尖端技术，很有可能你是附近区域唯一使用该技术的人，所以你需要虚拟的网络，和其他使用类似技术的人交流。

从总体来看，社交网络对接纳新事物起到了正面、积极的作用。但是，它也存在负面作用。比方说，如果从社交网络中听到消极评价，你就会考虑自己到底要不要使用创新。两位受访者是这样表示的。

当我开始用某个东西时，如果听到其他人对此有负面的评价，我就会考虑还要不要继续用下去。

如果社交网络中的人否定了对某项创新，告诫别人因为某些问题而不要使用，这就会让你思考到底要不要用。社交网络的影响力是非常强的，特别是在组织机构并不强迫你使用某个创新时。

受访者指出，当个体认为特定创新能够为他们带来好处、提高他们的工作效率及其他与工作相关的表现时，社交网络的影响力就会达到巅峰。受访是这样说。

> 如果我有兴趣了解某个能让我更轻松工作的东西，我就更容易受到社交网络及其中意见的影响。

受访者表示，社交网络总能让人产生一种自身还有缺陷的感觉，从而对使用创新形成强大的动力。很多时候，你会听到社交网络中的人谈论你完全不了解的新技术或新系统。这也许会促使你去考察那些技术。如果听到其他朋友讨论创新，你就会产生不想被落下、想了解相关知识的想法。正如受访者说的那样。

> 和其他人交流，听他们聊新技术，你确实会产生一种想要接受新事物且不满足的感觉，而这能成为一种动力。我觉得社交网络还是挺重要的。我从自己所在部门、还有不同学校的人那里了解了不少信息。

受访者称，有时候他们会因为来自社交网络的压力而应用某个创新，尽管他们本人之前并没有真正考虑过是否使用。这些受访者表示。

> 社交网络是一个相当有影响力的因素。如果其他大学或组织使用了某个系统，那么我们就会有使用类似系统的压力。

> 我就是受到了社交网络的影响，才开始使用 Outlook，因为我周

围所有人都在用 Outlook，我收到的所有信息都使用了 Outlook 的“日历”。我处于一个其他所有人都在使用“日历”的社交网络里，所以尽管以前我没用过，但我也不得不用。

从上述访谈中我们可以清晰地看出，社交网络确实会对员工接纳和使用创新产生影响。但是这种影响仍然取决于你是否真的需要该创新，以及该创新是否能够提高你的效率。员工也许会基于所在环境中相关组织的其他员工提供的信息，来决定是否应用一个创新（布朗和文卡特什，2005；克劳特、莱斯、库尔和费什，1998）。因此，外部影响是创新应用中的重要因素（库姆巴迪、萨米斯托克里斯和伊拉尼，2006）。

7.3 访谈总结

深度访谈对高级模型的开发提供了支持，也帮助人们更加深入地理解了影响组织内个体创新应用的因素。定性研究证实了定量研究的结果。此外，定性研究还为定量研究中不具备显著性的因素提供了额外的信息和更有深度的理解。因此，定性研究强化了整体研究的结果。

研究结果显示，对员工来说，培训这个因素是至关重要的。培训能够提高个人的信念，加强他们的技能与知识储备，使得员工能够成功地完成工作。但是，很多员工表示，他们没有足够的时间参加培训，或者缺少学习新事物的额外时间。研究者注意到，管理层支持是员工接受创新的重要因素。为了解、学习一个创新，管理层提供财务、技术、时间形式的支持或其他资源是十分必要的。管理层需要对员工的需求和请求做出快速反应。快速反应及适当的支持，能够鼓励员工去使用创新。缺乏支持是创新接纳与有效应用的关键障碍。

从研究结果中可以看到，激励因素对个体的创新应用能够产生重大的影响。取得优势地位、获得晋升、获得更多便利以及经济上的奖励等激励措施都可以鼓励员工去接纳并使用创新。员工总是会考虑个人利益，比如职位晋升、办公设备升级、正式及非正式的认可、自主权增加、对自我价值认识的提升、成就感以及更强的职业安全感。为鼓励创新应用，促进员工持续使用创新，管理层必须提供奖金、认可和表扬等形式的激励措施。激励措施并不一定非是经济性的，只要能让生活变得更轻松、让员工拥有更多的时间做其他事情，都能起到激励作用。

研究结果显示，员工一般通过尝试和亲身测验、询问朋友的意见等方式考察创新的有用性。当他们认为创新对自己有用时，他们就会使用。不过，在应用任何创新前，员工们认为，他们首先要弄清楚创新能够提供哪些价值、是否值得他们花费那么多时间。因此，员工必须考察任何可能出现的问题。

定性研究的数据显示，个人创新因素在发掘新事物方面有着很强的影响，而且在开发利用创新的过程中，需要一定程度的主动性。有些人会主动尝试创新，而其他人尝试创新只是出于个人利益考量。如果创新能显著提高工作表现，他们就会对此产生兴趣，参与到创新的开发利用过程。一些员工对学习新事物持怀疑态度，而其他人却认为他们需要紧跟潮流，个人创新程度更高的员工更有可能对创新的接纳和使用形成积极的态度。

研究结果表明，使用过类似创新的过往经验也能对创新的应用起到帮助作用。过往经验使得员工在面对创新时能够感到更加自如，而熟悉的感觉则能让接受新理念和创新变得更加容易。员工可以从过往经验中了解到的有关创新的复杂知识，而这正是主要优势之一。过往经验能够减少焦虑感，让员工变得更有信心，进而让他们应用创新时产生积极影响。不过也有员工认为，在应用创新的过程中，过往经验并不是必要的，他们愿意尝试新鲜事物。过往经验也有可能阻碍创新的应用，因为人们喜欢与过去进行对比，如果创新不如以往，他们就有可能不使用创新。

研究结果显示，形象是影响员工创新应用的重要因素之一。如果某个员工掌握了其他同事未掌握的信息，他们就会拥有积极的心态，产生特别的自豪感和成就感。如果某个个体是唯一一个了解创新的人，他就能取得某种程度的优势。这种优势可能包括在组织中得到特别的职位、地位或者权威。员工们表示，他们愿意分享知识给其他人，愿意向不了解系统的人提供帮助。当员工感觉使用创新能够让他们更好地工作、提高他们在企业或组织内的地位时，他们就会应用创新。在一个典型的工作环境中，员工之间有着高度的相互依赖性，他们需要照顾彼此、协助完成对方的工作，所以对很多员工来说，提高自己在团体内的形象和地位便非常重要了。

经常使用并喜欢创新的人，一般会在很早的阶段就应用创新。在创新应用过程中，娱乐性和趣味性是很重要的因素。如果创新能让一个人产生熟悉的感觉，他们就会喜欢，更有信心，并且更倾向于使用。一些人喜欢使用创新，并非是受到来自管理层的压力，而是因为他们自己喜欢。娱乐性以及对快乐的需求，会对是否应用创新的决定产生巨大影响。

同事之间可以帮助彼此理解并使用创新，他们可以直接展示如何使用某个功能。在使用创新的过程中遇到问题时，员工首先会找到同事寻求帮助。同事的精神支持、建议和鼓励能够对员工产生很大的影响。从同事那里得到的协助可以使员工更快、更轻松地应用创新，比起阅读说明书、指南、上网找资料或者参加正式培训，同事的帮助与建议效果更好。周围同事接受了某个创新，可能意味着这个创新具有重要意义，使用它能取得优势，这最终会激励其他员工应用该创新。尽管同事确实能在很大程度上起到帮助作用，但前提是他们必须有能力、也愿意帮助他人。想获得同事的协助，一个健康且友好的环境是必不可少的。

社交网络因素也能对员工是否应用创新产生影响，因为社交网络中的成员能够提供有关新技术的信息。相似团体的其他员工应用某个创新，可能促使商业机构中的员工最终应用该创新。当人们听到社交网络中的人谈论他们从未听说过的技术或系统时，他们也可能会产生一种不满足感，这会刺激人们进一步地去了解那些技术，获取更多细节。当新技术在工作中占据重要地位时，人们一般不愿落在后面。个体可能因为社交网络的压力应用某个创新。尽管社交网络可以引导人们应用某些新事物，但它同样会带来问题。如果人们从社交网络中听到负面评价和观点，他们可能就会做出不使用的决定。

7.4 结论

本章分析了定性研究的结果。定性研究结果支持了组织内员工创新应用高级模型的开发，并证明了高级模型的正当性。此外，定性研究还为定量研究中不具备显著性的因素提供了更多的信息。

研究者通过深度访谈的形式进行了定性研究，以进一步考察组织、个体和社会因素对个体接纳和使用创新态度的影响。定性研究对三个组织因素——培训、管理层支持和激励，都进行了考察。这些变量以外部因素的形式被容纳进高级模型，对个体的态度和后续使用产生影响。数据分析显示，这些变量对个体接纳和使用创新的态度能够产生正面且显著的影响。

定性研究考察了五个个体因素——认知有用性、个人创新、过往经验、形象和创新的愉悦程度。这些变量被引入技术接受模型和理性行为理论，作为构建基本原则的框架，影响着个体接纳并使用创新的态度。研究结果显示，这些变量对个体应用创新的态度有着正面且显著的影响。

定性研究还考察了两个社会因素——同事和社交网络。技术接受模型没有涉及社会因素，因为在理性行为理论中以主观规范形式出现的社会因素除了不具备显著性外，还是理性行为理论中最难理解的一部分。本次研究提出的高级模型融合了社会因素，认为其能够对个体的创新应用和使用态度产生影响。定性研究结果显示，两个社会因素都能对个体的应用和使用态度产生正面且显著的影响。

值得注意的是，这些社会因素在定量研究中不具备显著性，但定性研究却显示出它们非常重要，具有高度显著性。尽管很难明确阐释两种研究方法结果之间的差异，但研究者还是在下文尽可能地做出了解答。

定性研究的受访者更坦诚，愿意就影响他们对创新接纳和使用态度的因素给出更多的信息。在面对面的交流中，受访者能够做出更多的解释。他们可以针对影响他们对创新的态度和使用观的因素，更详细地表达个人感受、见解和观点。受访者可以就更多的话题做出更详细的解释。

在定性研究中，研究者可以应受访者的要求对提问做出调整，通过重复问题或者换一种说法的方式，保证受访者能够理解问题。同时，如果有些回答不够明确，研究者可以要求受访者做出说明或提供更多的信息。这种做法有助于获得更详细的信息，保证受访者能够正确地理解问题。这同样有助于了解个体的想法，了解个别问题，弄清楚为什么受访者会产生特定想法。

与此相对，定量研究取决于受访者个体如何解读调查问卷的问题，如何对特定问题做出回答。在定量研究中，受访者不会花太多时间思考和回答问题，他们会尽快做出回答，选出符合他们对解读的答案。为收集定量研究数据，研究者采用了李克特式五分量表。而使用七分或九分量表可以获得更多的数据，变量的显著性也可能会变得更强。

在回归分析中，尽管相关性研究显示，培训因素对应用创新的态度和使用创新会起到积极作用，但培训却对使用率起到了消极作用。定性研究结果显示，培训在创新应用过程中起到了至关重要的作用，对个体的创新应用态度和对创新的持续使用起到了积极影响。与此类似，过往经验因素在定量研究中不具备显著性，但定性研究却显示，过往经验是一个很重要的因素，能够影响个体对创新应用的态度。

针对社会因素和其他因素，学界还可以进行更深一步的研究，这些变量在定量研究中也不具备显著性。未来学界还可以在不同类型的组织中进行研究，从而对高级模型做出检验。

本书的最后一章将对本次研究进行全面总结，得出结论，描述本次研究的贡献和局限，并对未来研究提出建议。

第8章 结论及影响

8.1 引言

本次研究提出了一个全新的理论框架，通过考察影响组织内个体创新应用的多种因素，开发出了创新应用的高级模型。本次研究提出的高级模型经过了多种方法的检验，主要包括一份调查问卷和深度访谈。此外，对研究过程和研究结果进行了审核与评估。本章的内容包括研究总结、结论、意义、对知识理论的贡献、研究局限以及未来研究的设想。

8.2 研究总结

本次研究调查了组织内员工的创新应用情况。为了员工自身利益的考量、为了组织机构或企业的收益，创新必须得到员工的合理利用。现有文献显示，我们对个体应用创新的方式和原因都知之甚少。尽管学界对创新应用已经做过大量的研究，但对应用背后的驱动力以及组织机构内个体的创新接受情况的研究，仍然非常有限（弗兰姆巴赫和施乐瓦尔特，2002）。如果员工不配合，那么需要应用到工作流程中的组织性创新的价值就会大打折扣。因此，考察组织内员工的创新应用问题就变得非常重要，而这正是本次研究所要解决的问题。

为了对影响并决定员工个体接受与持续使用创新的因素做出解释，研究者提出了以下三个问题。第一，组织因素——培训、管理层支持和激励对个体的创新应用产生了怎样的影响？第二，个体因素——认知有用性、个人创新、过往经验、形象和创新的愉悦程度，是否对个体的创新应用产生了影响？第三，社会因素——同事和社交网络对个体的应用创新产生了怎样的影响？

研究者首先对历史文献进行了总结，由此提出了一个新的理论框架，开发出了一个创新应用的高级模型，这个模型兼顾了现有其他模型的优点和局限。本次研究的理论框架是在理性行为理论、技术接受模型以及弗兰姆巴赫和施乐瓦尔特提出的概念框架的基础上建立起来的。本次研究的模型保留了理性行为理论的基本框架，同时融合了技术接受模型中的元素以及弗兰姆巴赫和施乐瓦尔特列出的各因素。本次研究对这些因素进行了考察，并引入其他因素进行了检验。此外，本次模型还吸收了其他与创新应用有关的研究中所发现的多个变量，同时在高级模型中增加了技术接受模型和理性行为理论中缺少的人口统计学因素。

为了检验高级模型的相关性，研究者采用了多种数据收集的方法。①一份重点调查问卷，用于检验高级模型；②访谈，用于更深入地了解影响创新应用和使用的因素。研究者使用社会科学统计软件包对数据进行了统计分析。研究者计算了频数分布和百分率，还制作了一些交叉表。而且研究者还进行了相关矩阵分析、可靠性检验和方差分析检验。为了对提出的模型进行验证，研究还对收集而来的数据进行了多元回归分析。分析检验了高级模型，分析结果支持了研究者的假设前提。

对调查问卷的结果进行分析后，研究者通过访谈的形式进行了定性研究，进一步扩展了本次研究的范围。访谈的结果进一步支持了定量研究的结果。定性研究帮助我们更深入地理解了影响创新应用和持续使用的因素。访谈的结果同样验证了定量研究的结果。访谈确定了关键及存疑问题，同时也强化了整个研究的结果。

8.3 创新应用的结论与影响

从理论角度来说，本次研究旨在拓宽人们对影响创新应用各因素的理解。研究对学界的要求做出了回应，对个体应用创新的方法以及影响个体创新应用决定的因素进行了深入、全面的研究。本次研究在理论上的主要贡献，是提出创新应用的高级模型。该模型，相比理性行为理论、技术接受模型或弗兰姆巴赫和施乐瓦尔特提出的模型，在理解员工的创新应用方面尤其有用。这是因为，本次研究提出的模型能够对影响个体创新应用的因素做出更完全、更广泛的检验。

理性行为理论最早由阿耶兹（1967）和费什拜因（1980）提出，理性行为理论关注的是有意识行为的决定因素，学界已经对该理论进行过大量研究。但是，他们对行为的分析并没有涉及诸如人格特征（人口统计学因素）或外部因素等多种变量，而证据表明，这些因素都会对行为产生影响（阿耶兹和费什拜因，1980）。

由戴维斯（1986）提出的技术接受模型对理性行为理论进行了修正，专门用于解释技术接受行为的决定因素。这个模型只检验了两个变量——认知有用性和感知易用性。汤普森、希金斯和霍威尔（1991）表示，模型应当放弃行为意图概念，将态度与实际行为直接联系在一起，因为外界真正有兴趣的是实际行为。与此类似，易、杰克逊、帕克和普罗伯斯特（2006）建议，创新接受模型应当被整合到一个更包容的模型中，应当引入与个人及社会进程有关的变量。除此之外，技术接受模型也没有吸收理性行为理论建议的人口统计学因素，而且与弗兰姆巴赫和施乐瓦尔特（2002）提出的更新的理论模型相比，技术接受模型所检验的变量的数量也比较少。

弗兰姆巴赫和施乐瓦尔特（2002）提出了一个更全面的理论框架，对个体的创新应用进行评估，同时建议对这个模型进行检验。不过，这个模型并没有包括那些使用技术接受模型或理性行为理论进行创新应用研究的重要的变量。

本次研究提出的模型更清晰、更简单，主要包括三个流程。由于组织、个体和社会因素能够影响态度，而态度随之会对应用产生影响，所以这个模型与态度和应用直接相关。相比理性行为理论、技术接受模型或弗兰姆巴赫与施乐瓦尔特的模型，在解释个体的创新应用方面，这个模型更好、更全面。因为相比理性行为理论和技术接受模型的两个变量，这个模型包含了十个自变量和五个因变量。此外，研究者还剔除了过去模型中的一些不必要的复杂因素，因此在实践中，这个模型拥有更强的解释效力。本次研究提出的高级模型，将推动创新接纳与应用进入新时代。这个模型有可能在未来很长一段时间里，用于检验组织内的创新接纳与应用情况。这是因为，尽管组织、个体和社会因素以及人口统计学因素会随着时间而发生改变，未来也会出现新的因素，但这些因素能够轻松地被纳入模型，分配到组织、个体、社会因素或人口统计学因素之中，可以在全世界任何地方的任何组织中进行检验。

我们从文献中可以清晰地看出，在很长一段时间里，绝大多数与创新接纳有关的研究，使用的都是理性行为理论或技术接受模型的理论框架。不过，有一些研究通过增加一两个变量，对这些模型进行了扩展（张和张，2001；黄，2005）。尽管上述模型总是存在问题或缺陷，但是因为别无选择，有关创新接受的研究不得不继续使用这些模型。本次研究提出的高级模型使用了一种全新的方法，能够对创新接受领域的研究起到推动的作用。

通过明确个体创新应用中完整的组织、个体、社会因素及人口统计学因素的清单，本次研究与只考察几个因素的传统研究形成了对比。除此之外，过去的研究大部分强调从组织角度出发思考问题，而没有从实际使用创新的员工的角度出发，本次研究分别以两个角度出发进行了研究。在同时分析定量研究和定性研究数据后，本次研究能够让人们更好地理解在个体创新应用中起到作用的不同因素。

定量研究和定性研究的分析最终形成了一个经验模型，表述如下。

$$U=-0.879-0.149TR+0.401MS+0.158IN+0.367PU+0.180PI+0.039PE+0.102IM+0.100EI-0.072PR-0.022SN$$

其中，

U= 使用；

TR= 培训；

MS= 管理层支持；

IN= 激励；

PU= 认知有用性；

PI= 个人创新；

PE= 过往经验；

IM= 形象；

EI= 创新的愉悦程度；

PR= 同事；

SN= 社交网络。

多元回归分析显示，十个自变量引发个体创新应用出现了 53.1% 的变化幅度。表 6-31 列明了系数、回归方程的常数以及在预测因变量的模型中每个自变量的显著性。表 6-25 中的自变量与因变量的相关性表明，自变量与因变量“使用”之间存在正面且显著的相互关系。创建模型时，研究者考虑到了理性行为理论和技术接受模型没有吸收但又提到的外部因素对个体行为有着重要影响的问题。研究者吸收了三个外部因素，以过去的模型为基础，开发出了高级模型。从研究结果来看，本次研究在解释组织内员工个体的创新应用行为时，展示出了外部因素的重要性。

回归分析的数据显示，培训具有显著性，但却与创新应用存在负相关。皮尔森相关系数分析的数据表明，培训与使用之间存在正面且显著的关系。这个结果说明，培训因素对使用情况有着显著影响，如果培训增多，使用水平也会提高。之所以存在负相关关系，可能存在多种原因。对一部分员工来说，培训可能很重要，但另一部分员工却不认同这个观点。某些员工可能不需要培训也会应用或接受创新。有些员工可能喜欢直接使用创新，他们认为自己不需要培训。这种结果上的不平衡尤其在定性研究中得到了体现，结果显示，培训确实会对员工的创新应用产生影响。培训能够帮助员工理解并学习创新及其功能。培训还可以通过鼓励个体使用者在日常工作中使用创新以起到协助作用。研究结果表明，培训及教育项目应当提高员工对潜在创新的关注，让他们了解使用创新可能得到的收益。组织机构应当为员工提供培训，特别是在装备创新或新系统的早期阶段。

研究发现，高层的支持和激励是创新应用能否平稳实现的重要因素。

当个体感受到强大的管理层支持时，如果能得到足够的资源、收获某种形式的个人利益，他们就更有可能对创新产生积极的态度。研究结果表明，经理人需要拿出足够的关注，展现他们对创新的投入态度。除非个体感受到管理层对使用创新的强烈支持，否则他们就不太可能对创新产生积极的态度。商业组织应当通过预先计划的支持活动，比如分配资源，提供诸如认可、提高自主性和更强的工作保障等方式，来培养员工对创新的积极态度。

和理性行为理论及技术接受模型在模型中只使用一到两个变量不同，本次研究以个体因素的形式检验了五种新变量，并为这些变量找到了许多证据支持。本次研究发现，认知有用性因素能够对使用产生重大影响。研究结果还显示，认知有用性与使用之间存在强大的正相关关系，原因在于，如果个体认为接受创新或系统能够为他们带来价值时，他们就会应用该创新或系统。为了提高新系统或创新的接受程度，组织机构必须强调其益处、功能及优势。

研究结果表明，个人创新因素能够影响个体的应用行为。这是一项非常重要的研究发现，这表明，组织内的创新应用，需要突破传统的创新应用战略。进行研究、开始实际执行时，必须将个人在工作中面对创新的习惯与倾向考虑在内。有创新意识的员工更有可能倾向于使用创新。因为这样的员工能够对其他人产生影响，从而在面对创新应用时创造出积极的态度，所以组织机构应当用好这样的员工，让他们成为创新接受的重要催化剂。

过往经验没有得到回归分析的支持，但在皮尔森相关性分析中，这个因素却与创新应用存在正面且显著的关系。定性研究的结果同样显示，过往经验对应用行为有着很大的影响。定量研究（皮尔森相关性分析）及定性研究的结果显示，形象及创新的愉悦程度这两个因素与使用之间存在正面且显著的关系，在解释使用行为时，这两个变量有着重要的意义。如果成为某个创新的专家，员工可因此认为自己在工作中是一个有能力、有知识的人。成为某个领域的专家，随之会带来一定程度的地位的改变。这能为员工创新树立积极正面的形象，为他们带来特别的自豪感。希望引入创新或系统的组织应当认可员工的个人专长及技能，这会对其他人产生激励作用，加快创新在员工中的应用速度。

在培养创新应用的积极态度时，创新的愉悦程度起到了重要的推动作用。希望创新能够得到更大程度应用的组织，不仅应强调应用创新所能带来的优势，还应强调能让员工享受与喜欢创新的那些功能。这是因为，能够激励员工的，不仅包括创新带来的外部收益，也包括创新带来的内心满足。因此，组织应当致力于将“趣味”因素吸收到系统中。

由于主观规范不具显著性，而且也是理性行为理论中最难理解的一部分，所以戴维斯（1989）没有将主观规范纳入技术接受模型。研究者认为，社会因素能够对个体的应用态度产生影响。因此，在开发高级模型的过程中，研究者吸收了社会因素，对技术接受模型进行了拓展，形成了一个新的理论模型。回归分析表明，同事和社交网络这两个变量，显著性不强或者不具备显著性。但皮尔森相关性分析则显示，同事和社交网络这两个因素与创新使用之间存在正面且显著的关系。定性研究分析同样支持了这一观点，即这两个变量在个体创新应用中有着重要的影响。

研究发现，在理解及使用新系统时，来自同事的帮助极其重要。当一个员工得到了同事的帮助时，他就更有可能对创新形成积极的态度。组织机构应当在员工之间创造相互支持的社交环境，以鼓励他们使用创新、获得更高的工作效率。组织机构应当确保员工对那些刚刚开始工作的新员工提供更多的支持。为提高组织内的创新应用率，同事之间应当提供持续的反馈、支持与鼓励，这样他们才能在较短的时间里掌握创新技能。员工会受到各自社交网络的影响，去应用或至少考虑某个创新，因为很多人不愿意落后于主流。相反，他们愿意充分了解相关创新的知识。在互联网和虚拟社区的帮助下，个体能够得到更多信息，受到全世界创新使用者的影响。

本次研究考察了各因素对组织内员工个体使用创新水平的影响。此外，研究者还进行了更多分析，评估这些因素对“态度”的影响。使用与态度之间的相关性显示两者之间存在强大、显著的正相关关系（详见第 6 章 6.5）。

在高级模型中吸收并检验人口统计学特征，是本次研究对过去创新接受模型的另一个突破。阿耶兹、费什拜因（1980）以及戴维斯（1989）并没有将人口统计学特征加入他们的理性行为理论和技术接受模型模型中，但阿耶兹和费什拜因（1980）提到，解释使用行为时，人口统计学特征有着非常重要的作用。本次研究发现，人口统计学因素能够影响创新应用的态度。以人口统计学特征为控制变量进行的多元层次回归分析显示，人口统计学因素和其他自变量一起，引发了个人创新应用的 60.6% 的变化幅度。表 6-54 显示了预测使用行为的模型中每个人口统计学变量的系数和显著性。第 6 章 6.8 中的方差分析检验，还讨论了创新使用中人口统计学特征的显著区别。

本次研究发现，女性、行政（专业）人员和全职员工这些因素，相比男性、学术人员和兼职员工，对创新的应用与使用有着更大的影响。科学与技术部门的员工比商业或社会科学部门的员工，更倾向于使用创新。而年龄和学历这些人口统计学特征对创新应用的态度并没有显著影响。

数据表明，在鼓励员工应用创新时，组织机构不应基于年龄或教育背景去分配培训或其他教育资源。研究结果显示，在创新应用的过程中，年龄与学历因素不会带来显著区别。所有年龄层、所有教育背景的员工都能理解创新的重要性，愿意在日常工作中使用创新。因此，本次研究鼓励组织机构开发专门针对男性、学术人员和兼职员工的培训项目，这样他们就能更有效地使用创新。组织机构也需要设计其他培训和教育项目，激励在商业和社会科学部门的员工去接纳并使用创新。

最后，在应用创新的过程中，组织机构需要清楚地知道自己应当采取怎样的策略，而本次研究提出的综合、全面的方法，能够为此提供更多的细节。为了实施并管控能够提高员工基本素质和工作表现的创新，管理层必须认识到，组织、个体、社会因素以及人口统计学因素都会对员工个体产生影响。本次研究将会协助组织机构明确各因素，创造一个更优越的工作环境，促进创新的应用。本次研究同样还能帮助人们理解那些能够提高创新应用和使用程度的因素。

创新应用中一些最常见的阻碍，包括培训的不足、员工能力和专业知识不足、管理层支持的不足。任何一个创新在应用的过程中都有可能遭遇大量抵制，遇到很多问题。不过，高级模型证明，员工有接受和使用创新的意愿对组织机构来说也许尤其重要。简而言之，本次研究开发并利用的理论框架，在补充了知识理论的同时，还为未来的研究提出了一个丰富且富有前景的研究领域。对于考虑在组织中应用创新的机构、管理人员、行政人员及员工，本次研究也有着现实意义。

8.4 对知识理论的贡献

本次研究从三个方面对知识理论做出了贡献。第一，开发了新模型；第二，考察了过去几乎没有研究提及的个人应用问题；第三，使用了创新性研究方法。

开发了一个理论框架，将个人创新应用问题融入一个统一的模型中

本次研究对理论界的贡献在于，提出并开发了一个将过去不同创新接受模型中多个变量结合在一起的高级创新应用模型。考虑到学界整体上缺乏对个人创新应用的研究，以及该领域研究零散地只检验少数几个变量的现实，设计了一个将各变量结合在一起、检验组织内个体应用情况的统一模型，便

是学界面临的紧迫任务。本次研究简明扼要地提出了大量因素，对它们的相关性和显著性进行了检验。研究明确了这些因素之间的不同，让学界能够在更广泛的层面从理论上理解这种现象。模型同样还可以成为未来创新应用研究的框架。使用这一理论模型，未来还可以进行更多的调查研究。

考察创新应用的重要环节

尽管学界已经对创新本身进行过大量研究，但创新应用背后的驱动因素以及个体的创新应用问题，却鲜少有研究涉及。现有文献显示了该研究领域存在的缺陷，表明我们对个体创新应用的方式以及影响组织内个体创新应用的因素知之甚少。对组织内员工个体的创新应用情况的研究既合时宜，又有着重要意义。本次研究解决了上述问题，对组织内影响员工个体创新应用的因素进行了考察。

对方法论的意义

除了具有理论意义，本次研究还对研究方法做出了贡献。首先，通过定量和定性研究分析，本次研究对影响并决定员工创新应用的因素做出了很好的理解。研究者在定量研究中使用了网络在线调查问卷，随后又采用访谈的形式进行了定性研究，而定性研究的结果证明并支持了定量研究的结果。尽管早已有其他学者使用过这种方法，但大多数与创新接受有关的研究关注的主要是定量研究，而不是像本次研究一样，综合考虑了定量与定性研究这两种方法。而综合的方法更有可能帮助人们更好地理解创新应用现象及其理论框架。除此之外，受访者也是创新的现实使用者。另外，因为受访者中还有专业及管理人员，所以相比只面对大学生的调查，这些受访者的特点和经验更适合本次研究的本质，这也在本次研究中得到了多次证明。

8.5 研究局限

当然，本次研究并非不存在局限。本次研究是在澳大利亚一所三级教育机构进行的，在另一个地区进行同样的研究也许会产生截然不同的结果，因为随着文化、地理和社会经济等环境发生变化，组织、个体和社会因素也会大相径庭。受现实所限，本次研究所有不同层次的调研方法只能在同一时间点进行。不过，本次研究检验了一个在理论和文献基础上开发出的模型，实证研究也支持了这个模型。研究者相信，本次研究使用的方法是过去研究的逻辑延伸，因此受到检验的变量和关系也是适当的。

8.6 未来研究方向

本次研究提及了十个变量，在特定组织环境下，并非每个变量都有着相同的重要性。研究也有可能忽视了与这些变量有关的某些调节变量。未来的研究可以吸收更多的调节因素，比如组织规模、年龄及结构等，因为这些因素都有可能对创新的态度和使用产生影响。本次研究对考察创新应用与组织表现的关系时，也能起到了相应的作用。

研究使用了两个社会因素——同事和社交网络，而定量和定性的研究结果存在一些矛盾。在定性研究中，这些因素在影响面对创新的态度及创新应用时有着相当重要的作用。但是在定量研究中，这些因素却不具备显著性。未来研究者应当对这些社会因素继续进行研究，可以让人们更深入地了解这些因素及它们在影响创新接受与使用态度时起到的作用。

本次研究使用了三个组织因素——培训、管理层支持和激励。未来的研究可以重复使用这些因素，同时考虑其他负面激励的作用，比如本次研究中未考虑的威胁、抑制因素等。

本次研究仅在单一时间点进行，未来研究可以采用纵向研究设计去解释类似问题。采用纵向研究，研究者就可以将“增长”作为衡量标准之一。为全面考察一段时间里不同因素及其关系，未来应当进行纵向研究。

未来的研究还可以考察发达国家与发展中国家在创新应用方面的区别。如果对创新应用进行跨文化研究，也许能帮助我们理解不同国家雇员间的态度及感知上的区别。

研究者选择的样本，是实践中真实使用系统的个体，但未来需要更多的研究，去考察那些不会定期使用系统的员工。未来的研究应当注重确定更多创新应用的决定因素，比如民族、生活方式及心理因素等。

本次研究提供了一种有用的方法，帮助人们理解组织机构内个体的创新应用问题。尽管本次研究得到的结果对其他拥有类似特征的机构有着总结性意义，但研究的范围及内涵却相当有限。对本次研究结果的解读以及对其影响的分析，取决于组织机构的性质。因此，未来需要更多的研究扩展、确认本次研究的结果及影响。

本次研究可以扩展到其他行业，如生产制造业。未来也可以在其他国家的相同或不同组织环境中进行类似研究。这种研究方法可以让我们更深入地理解不同组织或文化环境下的创新应用。

未来在创新应用领域可以利用本次研究的模型，以便解决大量创新应用和管理问题。未来的研究可以寻求在创新或管理领域确立不同的侧重点，如此一来，就能从利用本次研究所开发的创新应用高级模型之中受益。

版权声明

MANAGING INNOVATION ADOPTION: From Innovation to Implementation 1st Edition / by Majharul Talukder / ISBN: 978-1-4724-1335-2